Linux カーネル
「ソースコード」を読み解く

まえがき

　本書は、最先端の「Linux」をベースとして、「Linuxシステム」の「アプリケーション」および「ライブラリ」を通して、「Linuxカーネル」の実装を理解し学習していくための書籍です。

　対象読者としては、「個人的な興味からLinuxカーネルを学びたい人」「大学での研究テーマとしてLinuxカーネルを扱っている人」「組み込みLinuxの仕事に携わる人」「Linuxサーバの管理を行なう人」「Linuxプログラミングのスキルを向上させたい人」などを想定しています。

　「Linuxカーネル」を学ぼうとした場合、とにかく「Linuxカーネル」の機能が豊富すぎて、どこから手を付けてよいか分からないものです。また、「Linuxカーネル」のすべてを理解しているような人は存在せず、各人の得意分野に特化して、「Linuxカーネル」を理解していると考えられます。

　そのため、何らかの目標を設定してから、「Linuxカーネル」のソース・コードを読み進めるようにしないと、発散してしまい、学習はうまくいきません。

　そこで、本書では、「アプリケーション」および「ライブラリ」が、どのようにして「Linuxカーネル」の機能を活用しているかに着目して、「アプリケーション」から「カーネル」までの「ソース・コード」を見ていくことで、「Linuxカーネル」の実装を学んでいくという方法を採用しました。

　本書では、最先端の「Linuxカーネル」を扱うため、執筆時点での「最新バージョン」である、「Linuxディストリビューション」の「Fedora24(Linuxカーネル 4.5)」を採用しています。

　業界標準は、まだLinuxカーネルの「2.6」や「3.10」が主流ですが、いずれ「4.x系」にシフトしていきます。

　本書のゴールは、「Linux」の「アプリケーション・ライブラリ」や「カーネルのソース・コード」を通しで読み解けるようになることです。

　本書が読者の皆様の手助けとなれば、幸いです。

平田 豊

Linux カーネル「ソースコード」を読み解く

CONTENTS

まえがき ……………………………………………………………………… 3
「サンプルプログラム」「補足 PDF」のダウンロードについて ……………… 6

第 1 章　イントロダクション

[1.1] 対象読者 …………………………………………………………………… 8
[1.2] 対象とする読者スキル …………………………………………………… 9
[1.3] 対象ディストリビューション …………………………………………… 13

第 2 章　「ソース・コード」読解のコツ

[2.1] 「ソース・コード」の入手方法 ………………………………………… 40
[2.2] 「ソース・コード」の参照方法 ………………………………………… 52
[2.3] 「ソース・コード」読解の進め方 ……………………………………… 67
[2.4] 「ソース・コード」を読みやすくする ………………………………… 76
[2.5] プログラムの動作をトレースする ……………………………………… 83

第 3 章　システム・コール

[3.1] 「カーネル」の「ソース・コード」 …………………………………… 108
[3.2] 「システム・コール」の概要 …………………………………………… 111
[3.3] 「システム・コール」の実装 …………………………………………… 123

第 4 章　「Linux」基本機能の学習

[4.1] BusyBox …………………………………………………………………… 140
[4.2] ファイル・システム ……………………………………………………… 148
[4.3] FIFO ……………………………………………………………………… 170

索 引 …………………………………………………………………………… 190

●各製品名は、一般に各社の登録商標または商標ですが、®および TM は省略しています。

「サンプルプログラム」「補足 PDF」のダウンロードについて

本書の「サンプルプログラム」「補足 PDF」はサポートページからダウンロードできます。

http://www.kohgakusha.co.jp/support.html

ダウンロードしたファイルを解凍するには、下記のパスワードが必要です

YE9iBfzsFeLu

すべて半角で、大文字小文字を間違えないように入力してください。

■ 補足 PDF の内容

【附録】JFFS2 ファイルシステムについて

組み込み Linux では標準的に利用される JFFS2 というファイルシステムについて詳細に説明しています。

第1章
イントロダクション

本章では、「ソースコード・リーディング」を手段として、「Linux」の「アプリケーション」から「ライブラリ」「カーネル」まで、「上位レイヤ」から「下位レイヤ」をオールラウンドに学んでいくために必要な予備知識や事前準備について説明します。

第1章 イントロダクション

1.1 対象読者

本書で想定している読者層は、下記の通りです。

- Linux(「リナックス」と発音する)が「オープンソース・ソフトウェア」であることは周知しているが、「ソース・コード」の読み方がよく分からないので、読めるようになりたい。
- Linuxを使ってサーバ管理しているが、サーバの障害が発生した場合、障害対応するためにLinuxの「ソース・コード」を調べることができるようになりたい。
- Linuxの「アプリケーション」の「ソース・コード」はだいたい読めるが、「アプリケーション」より下位層(ライブラリ・カーネル)の「ソース・コード」も読めるようになりたい。
- 自分で書いた「ソース・コード」は読めるが、他人が書いた「ソース・コード」を読めないので、プログラムの読解力を身につけたい。

*

趣味でプログラミングをする場合、たいていゼロからコードを書くことになります。このようにすべての「ソース・コード」を自前で実装することを、「スクラッチ開発」または「フルスクラッチ開発」と言います。

しかし、業務としてソフト開発を行なう場合、スクラッチで開発することはあまりありません。一昔前(2008年のリーマンショックより前)であれば、IT業界も景気が良かったので、ハードもソフトも自社で製造していた時代もありました。

しかし、なによりスクラッチ開発はお金と時間がかかるので、昨今では大企業でもやりません。開発費を低く抑えるために、母体となる「ソース・コード」を入手し、最低限必要な開発を行なうという、「流用開発」を行ないます。

また、最初は「スクラッチ」で作ったものだとしても、バージョンアップや保守のために、開発を引き継いで、仕事をしなければならない場合もあります。

こういったケースでは、母体の「ソース・コード」を読んで理解できる必要があります。

「Linux」がただの趣味で作られていた時代は終わり、「組み込み機器」(IoT: Internet of Things)や「ミッション・クリティカル」な「サーバOS」としてビジネス分野で活用されている昨今において、業務としてLinuxに対して携わる人も多くなってきています。

Linuxを仕事として利用すると言っても、Linux自体の内部まで手を入れて何らかの開発をするようなことは一般的ではなく、Linuxをサーバ管理としてそのまま利用するだけで開発はない場合もありますし、Linux上でアプリケーション開発を行なうだけでライブラリやカーネルはそのまま利用する場合もあります。

このように、「Linux」は「オープン・ソース」ではありますが、Linuxの「ソース・

● Linux

日本では「リナックス」と発音する。正式な発音はなく、国によって「リヌックス」や「ライナックス」と呼ぶ。

1991年(25年前)にフィンランド出身の「リーナス・トーバルズ」氏が開発した「Linuxカーネル」を指す。氏が開発したのは、あくまでも「カーネル部分」のみであり、「アプリケーション」や「ライブラリ」は含まない。

● オープンソース・ソフト

Open Source Softwareを略して「OSS」と表記される。プログラムの「ソース・コード」が一般公開されており、無償で提供される。インターネット上で世界中の開発者が協同して、プログラムの開発を行なうという特殊な開発スタイルをもつ。

● サーバ管理

サーバマシンの「定期保守」や「パッチ適用」といった通常作業に加え、サーバに障害が発生し、サービス運用に影響がある場合の「緊急対応」といった、マシンの「メンテナンス」を行なうこと。「インターネット・サービス」の場合、「不正アクセス」の監視も行なう。

通常、24時間体制を組むため、重要システムに携わる管理者は大変な業務であることが多い。

● サーバ

インターネット上のサービス(24時間365日稼働)を裏で支えているマシンのことをサーバ(Server)と呼ぶ。

実際には、WindowsやLinuxが動作するマシンであり、パソコンとは異なり、連続稼働に耐えられるハード設計になっており、パソコンより高性能かつ高価である。

● アプリケーション

「psコマンド」で出力されるプロセスがアプリケーションに位置づけられる。「X Window System」上で動作する「ブラウザ」や「エディタ」などから、「シェル」上で動作する「コマンド」「バック

コード」を特にカスタマイズせず、そのまま利用する（as is で使う）というスタイルのほうが一般的です。

そうしたスタイルを突き通したほうが開発費が抑えられるように思えるからです。

しかし、実態としては、作ったプログラムが期待通りに動作しない場合のデバッグが大変です。自分自身でコーディングした部分に対するデバッグであれば、特に課題はないのですが、「glibc」などの標準ライブラリや「Linux カーネル」側で意図しない動作をしていた場合、原因究明が一筋縄ではいきません。

Linux の文化として、「ソース・コード」はすべて公開されていて、ユーザーが自由に参照およびライセンスに則って利用することができます。しかし、ソース・コードに対応するドキュメント（仕様書）が実質存在しません。

Linux には「man ページ」という「man コマンド」を使って参照できるドキュメントがありますが、最新のソース・コードに追従できていない場合があります。

その理由としては、ソフトの開発者が「man ページ」のメンテナンスをしておらず、開発者ではない人がメンテナンスをしているからです。

ドキュメントを書きたがらない開発者が多いのも Linux の文化です。

そのため、Linux において「標準ライブラリ」や「Linux カーネル」の動作を調べていくためには、ソース・コードを読んでいく必要があります。

「Linux」は「オープン・ソース」なのですから、「ソース・コード」を読んで理解できるようになっていけば、自身の技術者としての幅も広がり、スキルもどんどん上がっていきます。

読者の皆様がそうなっていけることが、本書のゴールです。

1.2 対象とする読者スキル

本書は入門書という位置づけではありますが、本書を読み進めるためには、以下に示すある程度の前提知識を必要とします。

① Linux の基本的なコマンドライン操作が分かること
② C 言語の基本文法が分かること

①に関してですが、本書では Linux を操作するために、「GUI」（Graphical User Interface）を使わず、「コマンドライン」（CUI: Character User Interface）で操作します。

本書特有の「コマンド」については説明していきますが、「コマンドライン操作」の仕方については、本書の範囲外であるため、詳しい説明はしません。

②に関しては、本書に登場するプログラムの「ソース・コード」は「C 言語」というプログラミング言語で記述されたものなので、C 言語の基本的な文法を理解し

グランド・デーモン」などは、すべて「アプリケーション」である。別名、「ユーザー・プロセス」。

• **ソース・コード**
プログラムを構築するために開発者が作るもので、英語表記では「Source Code」。「ソース・コード」はプログラミング言語で記述され、Linux では C 言語が主流。
ソースコードから機械語に変換して実行プログラムを作る。
Windows や Linux が流行する前は、開発者が直接機械語を記述していた時代もあった。

• **スクラッチ開発**
英語表記では「scratch」。「ソース・コード」を「ゼロ」から記述する開発スタイルのこと。開発時に母体の「ソース・コード」があり、その母体をベースに開発を行なうことを、「流用開発」と呼ぶ。

• **IoT**
「モノのインターネット」（Internet of Things）と呼ばれ、身近にある機器にインターネットに接続できる仕組みを導入し、機器の使用範囲を広げて、サービスを拡充していくこと。
自動運転車やスマートホーム、医療、農業など、さまざまな分野に「IoT」が導入されている。

• **ミッション・クリティカル**
装置の障害や誤動作による、サービス運用の停止が許されないことを指す。サービスが 24 時間 365 日連続稼働するのが期待動作。銀行や航空管制、証券取引所などが代表的。

• **ライブラリ**
アプリケーションから利用できる、機能提供を目的としたプログラムのこと。「ライブラリ」単体では「実行プログラム」にはなりえない。Linux では「glibc」（GNU C Library）が定番。
昨今のソフトは多機能であるため、ライブラリの利用は必須だが、ライブラリに致命的なバグが見つかった場合の影響範囲が大きくなることがある。

第1章 イントロダクション

ていないと、「ソース・コード」が読めないからです。

本書では「Linux」のプログラムがどう動いているかを学ぶために、実際のプログラムの「ソース・コード」を読みながら理解を進めていきます。そのために「C言語」の基本文法を知っておく必要があるというわけです。

もし、読者の皆様が前述した前提知識に自信がないのであれば、別の書籍などで基本的なところを学習するとよいと考えます。

＊

以下では、前述した前提知識に関して、例題を示すので、問題が解けるか確認してみてください。これからの問題が解ければ、本書を読み進めていくための知識は充分だと言えます。

■ 例題①

[問題]

「オープンソース・ソフト」の「ソース・コード」を参照するために、インターネット上から「アーカイブ」をダウンロードしましたが、下記のようにファイルの拡張子がバラバラです。

それぞれの「アーカイブ」を展開して、「ソース・コード」を取り出すには、どうすればいいでしょうか。

```
linux-4.6.4.tar.xz
busybox-1.25.0.tar.bz2
openssh-7.2p1.tar.gz
ttsrcp23.zip
```

■ 例題②

[問題]

Linuxのプログラムの「ソース・コード」や「Makefile」を編集するために、「文字コード」や「改行コード」はどれを使うのが適切でしょうか。

＜文字コード＞

```
ASCII
Shift_JIS
EUC
UTF-8
```

＜改行コード＞

```
CR
LF
CR+LF
```

・カーネル

英語表記では「Kernel」で、「核」という意味。「オペレーティング・システム」の中核部分のことを指し、ハードを初期化し、アプリケーションを実行できる環境を構築する役割を担う。

Linuxのカーネルは「Linuxカーネル」と呼び、「C言語」と「アセンブラ」で記述されている。

・「as is」で使う

「as is」は現状のまま、という意味。オープンソース・ソフトは、「ソース・コード」は公開されているが、大半のユーザーはそのまま利用する。「ソース・コード」を改修して使うことは一般的ではない。

提供されているソフトをそのまま使うという意味に使われる。

・manページ

manは「Manual」の先頭文字。Linuxコマンドのマニュアルを参照するために、「manコマンド」を使う。

Linuxの「manページ」は日本語訳が古いことがあるので、原文のほうを参照するのが望ましい。

・C言語

Linuxではもっともよく使われているプログラミング言語。LinuxカーネルやデバイスドライバはC言語で記述される。

FirefoxやLibreOfficeといった大物アプリケーションはC++で記述されているが、大半のアプリケーションもC言語で書かれている。

・GUI

GUI(Graphical User Interface)は、X Window Systemのように視覚的に分かりやすい画面とマウス操作が行なえるインターフェイスのことを指す。Microsoft Windowsも代表格。

・CUI

CUI(Character User Interface)は、シェルのようにコマンドライン操作を行なうインターフェイスのことで、GUIの対語として使われる。

■ 例題③

[問題]

「コマンドライン」でプログラムを実行すると、端末画面に "hello, world." と表示されるプログラムを「C言語」で作り、実際に動作させてみてください。

問題の回答としては、プログラムの「ソース・コード」だけではなく、プログラムの「コンパイル」と「実行」までの「操作ログ」も含みます。

＊

さて、いくつか例題を出してみましたが、いかがだったでしょうか。

スラスラ解けたならば、特に問題はないです。以下、解答例を示します。

■ 例題①の答

アーカイブの展開方法を問う問題です。

昨今の「Linux」では、システムに新しくパッケージを追加する場合に、「ソース・コード」からビルドすることはありません。すでにビルドずみのバイナリをインストールするほうが一般的です。そのため、「アーカイブ・ファイル」を自分で展開したことがないユーザーも多いかもしれません。

「Windows」では、「アーカイブ・ファイル」といえば、「ZIP」か「LZH」のいずれか（最近では「LZH」は少数派）であり、特に専用ソフトを導入しなくても、Windowsの標準機能でアーカイブが展開できます。

しかし、「Linux」では技術の進化の時間軸が速い傾向があるため、次々と「アーカイブ」の新しい形式が登場しています。「オープン・ソース」の配布元では複数の形式の「アーカイブ」を公開しているケースもあります。

たとえば、「Linux カーネル」では同じバージョンに対して、".tar.gz" と "tar.xz" の2種類のアーカイブが配布されています。

「tar.xxx」という拡張子になっているファイル（tarballと呼ぶ）は、「tarコマンド」で展開できます。

ただし、「tarコマンド」のバージョンによって動作が異なる場合があります。

また、Windowsで定番の「解凍ソフト」（「Lhaz」や「Lhaplus」）でも「tarball」を展開できますが、ソフトによって対応している形式が異なるので、注意してください。

[例題①の答]

- tarball は "xf" で展開可能です。

```
# tar xf linux-4.6.4.tar.xz
# tar xf busybox-1.25.0.tar.bz2
# tar xf openssh-7.2p1.tar.gz
```

- **コマンドライン**

 マウスを使わずに、キーボードからコマンドを入力することで、コンピュータに指示を行なうという操作形態。英語表記ではCLI(Command Line Interface)。Microsoft Windowsが台頭してきてから、「Linux」も「X Window System」の進化は目覚ましいが、依然としてコマンドライン操作が主流である。

- **アーカイブ**

 辞書的な意味では「書庫」(Archive)。プログラムの「ソース・コード」は多数のファイルから構成される。

 それらのファイルを1つずつダウンロードするのは手間であるため、1つのファイルに集約し「アーカイブ」と呼ぶ。Linuxでは「tar形式」が定番。

 ただファイルを集約しただけでは、サイズが大きくなるため、「圧縮」した状態で配布される。

- **拡張子**

 ファイルの「拡張子」(extension)とは、ファイルの「種類」を区別するために、「ピリオド」(.)以降に特定の「文字列」を付与する。その「文字列」のことを「拡張子」と呼ぶ。「linux-4.6.4.tar.xz」であれば、「拡張子」は「.tar.gz」になる。「Microsoft Windows」では、「ファイル名」に「ピリオド」は1つまで、とするのが一般的だが、「Linux」では2つ以上付与することがある。

- **Makefile**

 「ソース・コード」をコンパイルして実行プログラムを作る場合、1つずつ実行していては手間であるため、複数の「ソース・ファイル」を一括してコンパイルする仕組みが「make」で、「Makefile」はmakeで使う設計ファイルのこと。

 その「Makefile」自体を自動で生成する仕組みとして、「configure」があり、Linuxアプリケーションではよく使われている。Linuxカーネルでは「Makefile」が使われる。

第1章 イントロダクション

- **文字コード**

  コンピュータ上で「文字」を表現するために、各文字のバイト数値をどう割り当てるかという体系のこと。

  英語圏では「アルファベット」と「数字」「記号」といった「1文字」(1バイト) しか使わないため、体系はシンプルだが、英語以外の国では「マルチ・バイト」であるため、文字コードの規定が必須。

  日本語だけを見ても、文字コードが複数 (SJIS, UTF-8, EUC) 存在するため、複雑な体系となっているのが実情。

- **改行コード**

  コンピュータ上で「改行」を表現するために、「改行」にどのようなバイト数値を割り当てるかという体系のこと。

  「Linux」では「LF」(Line Feed)、「Windows」では「CR(Carriage Return)+LF」が使われる。

  「改行」コードが対応していない場合、テキストの表示が崩れることがあるため、プラットフォームに合わせるのが一般的。

- **UTF-8**

  「Unicode」の「エンコーディング方式」として主流となっているのが「UTF-8」(Unicode Transformation Format-8) である。

  「UTF-8」はASCIIとの混在が可能であるため、Linuxに親和性があり、「Linux」のデフォルトは現在では「UTF-8」になっている。

  「Microsoft Windows」でも「UTF-8」は扱えるが、「Windows 10」になった現在でも、デフォルトは「CP932」(Shift_JIS) である。これは一度広まった文字コードは容易に変更ができないということを示している。

- **ZIP**

  「Microsoft Windows」では標準的に使われる「圧縮形式」。かつて日本では「LZH形式」が主流だったが、セキュリティ上の問題があるため、現在では使われることなく、国内においても「ZIP」が主流となっている。

  反面、「Linux」では

- 圧縮形式ごとにオプションを指定する場合は下記になります。

```
# tar Jxf linux-4.6.4.tar.xz
# tar jxf busybox-1.25.0.tar.bz2
# tar zxf openssh-7.2p1.tar.gz
```

- ZIPファイルはunzipコマンドを使います。

```
# unzip ttsrcp23.zip
```

■ 例題②の答

「Linux」の「ソース・ファイル」や「設定ファイル」などの「テキスト・ファイル」を編集する際に、「文字コード」や「改行コード」に何を使えばよいかを問う問題です。

「Windows」の場合では、「文字コード」は「ANSI」(Shift_JIS)、「改行コード」は「CR+LF」を使うことが一般的だと考えられますが (「Windows 10」の「メモ帳」は、デフォルトが、いまだに「Shift_JIS」)、「Linux」の場合には「Windows」のルールは当てはまりません。

「Linux」の場合、「文字コード」は「ASCII」で、「改行コード」は「LF」という組み合わせが一般的で、このルールは以前から変わっていません。

文字コードが「ASCII」というのは、要するに「日本語などのマルチバイト文字を使わない」という意味です。

これには理由があって、「Linux」を始めとする「オープンソース・ソフト」は、英語圏で作られていることが多いので、「日本語」などの「マルチバイト文字」を含めると、期待しない動作になることがあるからです。

ただし、昨今では文字コードに「UTF-8」を使う場合は、それほど悪影響を及ぼすことはないです。

「改行コード」に関してもLF以外の場合においても、特に問題なく動作することもありますが、「シェル・スクリプト」は「LF」でないと正しく動作できないため、慣習的に「改行コード」を「LF」にしておくのが無難です。

[例題②の答]

文字コードは ASCII か UTF-8 。
改行コードは LF 。

■ 例題③の答

「C言語」を使って簡単なプログラムが作れるかを問う問題です。

[1.3] 対象ディストリビューション

出題レベルとしては、昔からの「C 言語」の入門書に登場するものと同じですが、実際に「コマンドライン操作」が自分でできるかもポイントです。

*

以下に模範例を示しますが、プログラムのコンパイルと実行は「Cygwin」で行なっています。操作方法は「Linux」と変わりません。

[例題③の答]

「ソース・コード」は下記になります。ファイル名は「sample3.c」とします。

```c
#include <stdio.h>

int main(void)
{
        printf("hello, world.\n");

        return 0;
}
```

「プログラム」を「コンパイル」(ビルド)するには、「cc」コマンドを使います。

```
# ls
sample3.c
# cc sample3.c
```

「コンパイル」が成功すると、「実行プログラム」(a.exe) が生成されます。

```
# ls
a.exe*    sample3.c
```

プログラムを実行します。

```
# ./a
hello, world.
```

1.3 対象ディストリビューション

■「ディストリビューション」の選定と入手

本書では、「Linux」のディストリビューションとして「Fedora24」(2016 年 6 月リリース：Linux カーネル「4.5.5」)を動作環境として選択しています。

*

「Fedora」を選んだ理由は、下記のとおりです。

- 比較的最新の「Linux カーネル」を試すことができる。
- 「Fedora」の成果が「RHEL」(Red Hat Enterprise Linux) に取り込まれるため、業務で「RHEL」に関わる人には有益。
- 「Fedora」は人気のある「Linux ディストリビューション」のひとつだから。

「ZIP」が使われることはあまりなく、「gzip」や「bzip2」「xz」などがよく使われる。

- **tarball**
  「tar 形式」による「アーカイブ・ファイル」のことを「tarball」と呼ぶことがある。

- **解凍ソフト**
  アーカイブを展開するツールのこと。英語圏では「extract」と表記するため、日本語に訳すならば、「展開」が正しいが、国内では「解凍」という呼び方が浸透している。国内ではどちらでも通じる。

- **ANSI**
  日本語版の「Microsoft Windows」では、「Shift_JIS」のことを「ANSI」と呼ぶ。本来、「ANSI」(American National Standards Institute) は、「米国国家規格協会」のことで、団体の名称で、「文字コード」とは関係ない。

- **Cygwin**
  「シグウィン」と発音する。Windows 上に Linux/UNIX 環境を構築することができるフリーソフト。
  Linux/UNIX の API を Windows 向けに再実装していることにより、Linux/UNIX のプログラムを Windows 上で動作できるようになっている。
  プログラムのソースコードのビルドが必要で、プログラムのバイナリがそのまま Windows 上で動くわけではない。
  「Cygwin」は Red Hat 社が開発しており、2016 年 6 月よりライセンスが GPL から LGPL に切り替わったため、業務利用の利便性が向上した。

- **cc**
  Linux において C 言語プログラムをコンパイルするときに使われるコマンド。「gcc」コマンドの別名(エイリアス)になっている。

- **a.exe**
  コンパイルしてできる実行プログラムのデフォルトのファイル名。Linux の「gcc」では、「a.out」

第1章 イントロダクション

ただし、本書では「Linux ディストリビューション」に特化したトピックスは極力少なくして、「Linux 全般」に関わるテーマを解説しているので、その点はご安心ください。

＊

「Fedora」の「ダウンロード先」は下記のとおりです。

「Fedora」は無償ソフトなので、ダウンロードと利用にはお金はかかりません。スマホアプリのように利用中に課金されることもありません。

「Fedora」の「ダウンロード先」が3種類あるのは、「Fedora21」(2014年12月リリース)からユーザーの用途に応じて、「パッケージ」が3分割されたからです。

「Fedora20」以前では、パッケージが「全部入り」だったので、「ISO イメージファイル」が「4GB」を超えていました。

しかし、パッケージが分割されるようになって、サイズは 2GB 未満になっています。

・Fedora Workstation

https://getfedora.org/ja/workstation/download

・Fedora Server

https://getfedora.org/ja/server/download/

・Fedora Cloud

https://getfedora.org/ja/cloud/download

開発環境を構築するためには、「Fedora Workstation」と「Fedora Server」のどちらを選択してもかまいません。

いずれを選んでも、「gcc」などの開発ツールを含んでいないため、いずれにせよ、自分でパッケージを追加しなければならないからです。

＊

ここでは、「Fedora Workstation」を選択し、開発環境を構築していくことにします。

「Fedora Workstation」であれば、インストール直後からグラフィカルなウィンドウシステム (X Window System) が使えるので、最初に行なう設定の確認がしやすいという利点があります。

「Fedora Server」の場合、インストール直後がキャラクタベースなので、設定確認をすべてコマンドラインで行なう必要があり、敷居が高いと考えられます。

なお、「Fedora Server」を選択したとしても、後からグラフィカルなウィンドウシステムを導入することはできます。

＊

(Assembler Output)というファイル名になる。Cygwin の「gcc」では、Windows の拡張子が「.exe」であることから、「a.exe」という名称になっている。

・ドット・スラッシュ

「カレント・ディレクトリ」にあるプログラムを実行する際に、先頭に「./」を付与するのは、Linux では必要とする操作。

「パス指定」をせずにプログラムを実行する場合、PATH が設定されているディレクトリ群から合致するプログラムが実行されるため、実際にどのディレクトリに格納されているプログラムが起動されたのか分からない。

セキュリティ的に問題があるため、「./」を付与することが慣習化された。

・Linux ディストリビューション

Linux カーネルにライブラリやアプリケーションを同梱し、かつインストーラーも付属して、ユーザーに使いやすい形式にしたオールインワンパッケージのこと。

商用向けには「RHEL」(Red Hat Enterprise Linux) や「OL」(Oracle Linux) などがある。個人向け (無償) には「CentOS」や「Fedora」「Ubuntu」などが人気。

・RHEL

Red Hat 社が開発および販売している Linux ディストリビューション。Linux サーバ OS としては、事実上の標準。サーバ管理に携わる人は RHEL の習得が必須。RHEL のベースは Fedora。

・Fedora

RHEL のベースとなる Linux ディストリビューションで、無償提供される。Fedora が登場する以前は、Red Hat Linux という名前で無償提供されていた。

Fedora は新機能を積極的に取り入れていくスタイルで、実験的な意味合いが強く、リリースサイクルも半年に1回と短い。

新機能を試したいユーザーにはうってつけだが、

[1.3] 対象ディストリビューション

「64 ビット版」のどちらかを選ぶ必要がありますが、「Fedora」をインストールするマシンの CPU が対応しているほうを選択すれば OK です。

最近のマシンであれば、たいてい「64 ビット」に対応しています。

「Windows」であれば、「スタート・メニュー」のシステムから「システムの種類」の箇所で、CPU のビット数が分かります。

Fedora の ISO イメージファイルに "i386" が含まれていれば「32 ビット版」で、"x86_64" が含まれていれば「64 ビット版」であることを表わします。

「Fedora Workstation」の「64 ビット版」であれば、ISO イメージファイルは「Fedora-Workstation-Live-x86_64-24-1.2.iso」という名前になります。

本題とは外れますが、"i386" というのは Intel の 32 ビットプロセッサ (CPU) の名称で、"80386" とも呼びます。

ちょうど、一つ前の世代の CPU(80286) が 16 ビットプロセッサであり、i386(80386) からが 32 ビットプロセッサの始まりであるため、「32 ビットであるかどうか」を表現するために、しばしば "i386" という表現が使われます。

"i386" は "x86" という表記をすることもあるため、「64 ビットであるかどうか」の表現に "x86_64" が使われています。

*

ダウンロードの際に、ISO イメージファイルとあわせて、「チェックサム・ファイル」(Fedora-Workstation-24-1.2-x86_64-CHECKSUM) も入手しておきます。

ダウンロードしたファイルが壊れていないか検証するためです。

実際にダウンロードを開始すると、「getfedora.org」ドメインからミラーサイトにリダイレクトされます。

筆者が試したときは、下記の URL からのダウンロードとなりました。

```
http://ftp.jaist.ac.jp/pub/Linux/Fedora/releases/24/Workstation/x86_64/iso/Fedora-Workstation-Live-x86_64-24-1.2.iso
http://ftp.jaist.ac.jp/pub/Linux/Fedora/releases/24/Workstation/x86_64/iso/Fedora-Workstation-24-1.2-x86_64-CHECKSUM
```

ダウンロードした「ISO イメージファイル」が壊れていないか確認します。

「チェックサム・ファイル」を見ると分かるようになっているのですが、「SHA256」という「ハッシュアルゴリズム」でチェックサムが記載されています。

チェックサムの検証を行なう方法は複数あるのですが、Linux 標準である「sha256sum」コマンドを使うのが便利です。

「Cygwin」にも含まれています。

長期利用には向かない。

- **ISO イメージファイル**
ISO9660 形式の「CD/DVD/BD」に対応したファイル形式。1 枚のメディアをそのままデータ化したものを「ISO ファイル」または「ISO イメージファイル」と呼ぶ。Linux ディストリビューションは容量が数 GB になるため、ISO 形式で配布される。

- **64 ビット**
個人環境では長らく 32 ビットの時代が長かったが、x64(IA-32e および EM64T) が登場してからようやく 64 ビットが普及した。
企業内では互換性の問題だが、いまだ 32 ビット OS を使っている会社も多いが、個人環境では 64 ビット OS を使うようになってきた。64 ビット OS では、32 ビット OS に比べて広大なメモリ空間を利用できる。

- **ミラーサイト**
「オープンソース・ソフト」は「FTP サーバ」や「Web サーバ」で公開されるが、公開サーバが 1 つだけの場合、アクセスが集中すると、ダウンロードできなくなることがある。
そのため、公開サーバのデータをミラーリングしたサイトが用意されることがある。その場合、ユーザーは近場のミラーサイトからダウンロードすればよく、利便性が向上する。

- **SHA256**
SHA(Secure Hash Algorithm) とは米国で考案された「ハッシュ・アルゴリズム」のこと。
末尾の数字は、ハッシュ長を表わす。「256」であれば「256 ビット」。ビット数が多いほど、セキュリティ強度が向上する。昨今ではチェックサムのアルゴリズムとして、「SHA256」が標準的に利用されている。

- **チェック・サム**
ファイルが壊れていないかを確認するために、ファイルの内容から計算した数値のことを「チェック・サム」(check sum)

第 1 章 イントロダクション

と呼ぶ。ダウンロードしたファイルのチェックサムを計算することで、公開されているチェックサムの値と同じになれば、ファイルは壊れていないことが分かる。
ただし、公開サーバに

なお、ダウンロードしたファイルが「壊れているかどうか」だけではなく、「改ざんされていないか」を確認したい場合は、「PGP 鍵」による検証も可能です。ただし、本書の範疇外であるため、詳細な手順は割愛します。

[実行結果]

```
# ls Fedora-Workstation-*
Fedora-Workstation-24-1.2-x86_64-CHECKSUM*
Fedora-Workstation-Live-x86_64-24-1.2.iso*
# sha256sum -c Fedora-Workstation-24-1.2-x86_64-CHECKSUM
sha256sum: Fedora-Workstation-netinst-x86_64-24-1.2.iso: No such file or directory
Fedora-Workstation-netinst-x86_64-24-1.2.iso: FAILED open or read
Fedora-Workstation-Live-x86_64-24-1.2.iso: OK
sha256sum: WARNING: 20 lines are improperly formatted
sha256sum: WARNING: 1 listed file could not be read
```

あるファイルとチェックサムが両方とも「改ざん」されている場合は、チェックサムは合致するため、「改ざん」されているか否かの判断には使えない。
あくまでも、「ファイルのダウンロードが正常終了したか」どうかの確認にしか使えない。

参考までに、「Fedora」の公式サイト (Fedora Documentation) には、「PowerShell スクリプト」による「チェックサム検証方法」が記載されています。
記載されている内容そのままだと、うまく動作しなかったので、記載内容をベースに手直しをしたコードを、下記に示します。

[checksum.ps1]

```
param (
  [Parameter(Mandatory=$True,Position=1, HelpMessage="ISO file")]
   [string]$image,

  [Parameter(Mandatory=$True, HelpMessage="Checksum file")]
   [string]$checksum_file
)
#$image = "Fedora-Workstation-Live-x86_64-24-1.2.iso"
#$checksum_file = "Fedora-Workstation-24-1.2-x86_64-CHECKSUM"
echo "$image"
echo "$checksum_file"

$sha256=New-Object -TypeName System.Security.Cryptography.sha256CryptoServiceProvider
$expected_checksum = ((Get-Content $checksum_file | Select-String -Pattern $image) -split " ")[3].ToLower()

$download_checksum = [System.BitConverter]::ToString($sha256.ComputeHash([System.IO.File]::ReadAllBytes("$PWD¥$image"))).ToLower() -replace '-', ''

echo "Download Checksum: $download_checksum"
echo "Expected Checksum: $expected_checksum"
if ( $download_checksum -eq "$expected_checksum" ) {
     echo "Checksum test passed!"
} else {
     echo "Checksum test failed."
}
```

[1.3] 対象ディストリビューション

[実行結果]

```
PS D:¥Linux¥Fedora> .¥checksum.ps1 -image Fedora-Workstation-Live-x86_64-24-1.2.iso
-checksum_file Fedora-Workstation-24
-1.2-x86_64-CHECKSUM
Fedora-Workstation-Live-x86_64-24-1.2.iso
Fedora-Workstation-24-1.2-x86_64-CHECKSUM
Download Checksum: 8e12d7ba1fcf3328b8514d627788ee0146c0eef75a5e27f0674ee1fe4f1feaf6
Expected Checksum: 8e12d7ba1fcf3328b8514d627788ee0146c0eef75a5e27f0674ee1fe4f1feaf6
Checksum test passed!
```

■「Linux ディストリビューション」のインストール

　入手した「Linux ディストリビューション」には、「OS」(Linux カーネル) を含め、必要な「ライブラリ」や「アプリケーション」が一式格納されています。

　ただし、これは、マシンにセットアップしないと「Linux」として使うことはできません。

＊

　「Fedora」をインストールするための必要最小限の構成は、下記の通りです。

- CPU 1GHz
- メモリ 1GB
- ディスク 10GB

　上記の条件を満たすパソコンであれば、たいていのパソコンにインストールできます。

　ただ、あまりに古いパソコンに対しては、「インストールできない」「インストール後正常に使えない」などの支障が出る可能性があります。

　なぜならば、「Linux」は原則「オープン・ソース」で開発されているため、開発者は手持ちのマシンでしか動作確認が取れません。

　そのため、市場から入手できないような古いマシンでは動作確認が取れず、結果として正常動作しないことになるからです。

　いずれにしても、手元に余っているパソコンがあれば、Linux をセットアップしてみるのも一つの手段です。

＊

　以前は、「パソコン」と言えば、「一家に一台」と言われていて、その後「一人に一台」とも言っていた時代もありましたが、スマホの台頭によって、自宅にパソコンを持っていない人も増えてきました。

　「Linux」を使ってみるだけのために、2 台目のパソコンを用意するのも敷居が高いというものです。

＊

　別の手段として、「1 つのパソコンに Linux をインストール」するという方法があります。

　「1 つのパソコン」と言っても、「Windows」と「Linux」を「デュアル・ブート」

- **PGP**

　「PGP」(Pretty Good Privacy) は電子メールの暗号化手法として確立された。
　Linux で使われている「GnuPG」(GNU Privacy Guard) は、PGP をベースに開発された暗号化ツールであり、ファイルの署名を検証することに利用できるため、ファイルの「改ざん」の確認に使用可能である。

- **PowerShell**

　「Microsoft Windows」の「コマンドライン・シェル」で、「.NET ベース」の強力なスクリプティングが特徴。
　従来、Windows の「コマンドライン・インターフェイス」は「コマンド・プロンプト」(cmd.exe) と「WSH」(Windows Script Host) があり、機能面の強化が停滞していたが、「PowerShell」は順当に機能強化されており、「バージョン 5.1」まで進化している。また、2016 年 8 月にオープンソース化され、Linux への移植も行なわれ、「マルチ・プラットフォーム」化された。

- **スマホ**

　「スマートフォン」(smartphone) のことで、携帯電話端末。従来の携帯電話と比べると、画面が大きく、タッチ操作であるため、利便性が高い。
　国内では「Android」と「iPhone」の機種が人気がある。「Android」の OS は、Google が開発する、「組み込み Linux」である。

- **デュアル・ブート**

　1 つのディスクに 2 つ以上の OS をインストールして、パソコンの

第1章 イントロダクション

起動時に OS を選択するという方式。

かつて、「Windows」と「Linux」をデュアルブートさせるという手法が流行したが、OS によってブートローダーの仕様が異なるため、手順を間違えると、ディスクが壊れる危険性があるため、昨今ではあまり使われない。

• CPU コア

かつて、1つの CPU には1つのコアしかなく、「HT(Hyper Threading)技術」を使って、2つの CPU に見せかける、という技術が考案された。

昨今の CPU は、複数のコアも保有するため、プログラムの並列実行が可能となっている。今後は CPU のクロック周波数を上げるよりも、コアの個数を増加させていく方向になってきている。

• 仮想化

「仮想化」(Virtualization) はさまざまな解釈が存在するが、1つのマシン上で複数の OS を稼働させることを指すのが一般的。

仮想化は VMware が走りだが、エミュレータとは異なり、実機での動作と大差ない性能が出せるため、一気に流行。

マシンのメニーコア化、メモリの大容量化が進んだことで、仮想化も標準的に利用されるようになってきた。

• VMware

VMware 社 (現 DELL EMC 社) が開発する仮想化ソフト。

仮想環境では初期に登場したこともあり、業界標準で人気も高い。VMware には非営利目的向けの無償版が提供されているため、個人の学習用にも利用しやすい。

• VirtualBox

Oracle 社が開発する仮想化ソフト。

GPLv2 に基づく「オープンソース・ソフト」で無償で利用できる。

「オープン・ソース」であるため、Windows と Linux 以外の多数のプラットフォームで動作する。

元は Innotek GmbH 社によって開発されて

させるやり方ではありません。

「デュアル・ブート」は、(a) 手順が複雑であること、(b) 失敗すると、ディスクを壊す危険性があること、(c)「Windows」と「Linux」を同時には使えないこと、などもデメリットが多いので、お勧めではないです。

では、どうするかと言うと、パソコン上に「仮想化ソフト」を導入して、「仮想化環境」で「Linux」を動かすのです。

最近のパソコンは、CPU のコアが複数あり、メモリも大容量となっていることから、「仮想化環境」の構築が手軽になっており、「学習用に OS を動かす」という目的に合っています。

*

本書では、1つの「Windows パソコン」上に「仮想化環境」を構築し、「Windows 上で Linux(Fedora) を動作させる方法」を選択することにします。

■「仮想化環境」の構築

「仮想化環境」を作るということは、「1つの OS 上で、別の OS をエミュレーションする」ということを意味します。

「仮想化環境」を構築するためには別途ソフトが必要です。
代表的なソフトを以下に示します。

・Microsoft Hyper-V
・VMware
・Oracle VirtualBox

いずれも商用製品ですが、個人利用に限り、無償で使えるバージョンが用意されているので、学習用に使うという目的では無料であり、嬉しいところです。

*

本書では「Hyper-V」を使った「構築手順」を説明します。

「Hyper-V」は、「Windows 8」および「10」に標準搭載されているため (「Home 版」には未搭載)、すぐに試してみることができます。

なお、筆者のパソコンは、下記に示すように2世代ほど前の古い機種で、多少重たいですが、「Hyper-V」上で「Linux(Fedora)」が使えています。

・プロセッサ: Intel Core i5 2.9GHz(Ivy Bridge)
・メモリ : 4GB
・システムの種類 : 64 ビット
・OS: Windows 10 Pro(8 Pro からアップグレード)

[1.3] 対象ディストリビューション

＊
上記条件を元に、構築手順を説明します。

手順 「Hyper-V」を使った「仮想化環境」の構築

[1] 「Hyper-V」の有効化

「Windows 10」に「Hyper-V」が含まれているといっても、デフォルトでは機能が無効化されているので、有効化する必要があります。

デスクトップの左下にある[Windows]ボタン(スタートボタン)を右クリックして、「プログラムと機能」を起動します。

さらに、「Windowsの機能の有効化または無効化」をクリックして、「Windowsの機能」というダイアログを表示させます。

その中から「Hyper-V」にチェックを入れます。

「Hyper-V」のインストールが終わると、「Windows」の再起動を行なって、インストールは完了となります。

[2] 「Hyper-V」の起動

「Hyper-V」の設定を行なうために、「Hyper-Vマネージャー」を起動します。

[Windows]ボタン(スタートボタン)をクリックして、「Windows管理ツール」から「Hyper-Vマネージャー」を選択します。
または、キーボードの「Windowsロゴキー」を押しながら、「S」キーを押して、「Hyper-Vマネージャー」を検索してもいいです。

[3] ネットワーク設定

「Hyper-V」で「仮想マシン」を作る前に実施しておくことがあります。
それは、「仮想スイッチ」の作成です。

「仮想スイッチ」がなくても、「仮想化環境」に「Linux」をインストールすることはできるのですが、Windows側(ホストOS)とのネットワーク通信が行なえず、不便です。
また、「仮想化環境上のLinux」から「インターネット」に接続できるようにしておけば、「パッケージ」の更新作業も楽になります。
＊
ここでは、「Windows」の「ブリッジ機能」を使って、下図のようなネットワーク構築を行ないます。

「ネットワーク・インターフェイス」は「物理LAN」しか存在しませんが、

おり、Sun Microsystems社に買収され、さらにOracle社に買収されて、現在に至る。

• **Hyper-V**
Microsoftが開発する仮想化ソフト。
もともとはサーバ向けだったが、Windows 8からは標準搭載されるようになった。
前身は「Virtual PC」であり、Microsoftが仮想化技術を入手するため、2003年にConnectix社から買収した。
Microsoftの仮想化ソフトではWindowsしか正常動作しなかったが、昨今ではLinuxも正常に動くようになっている。

• **ブリッジ接続**
データリンク層(MACアドレス)レベルで、複数のネットワークインターフェイスを統合すること。
各「ネットワーク・インターフェイス」を「スイッチング・ハブ」でつなぐのと同じと考えればよい。

第1章 イントロダクション

「Hyper-V」を導入することで、「仮想LAN」が追加されます。

「ブリッジ機能」を使うのは、「Hyper-V」の「仮想LAN」には、「NAT(Network Address Translation)機能」が存在しないからです。

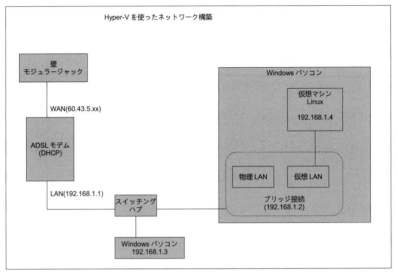

図1.1 「Hyper-V」を使ったネットワーク構築

*

「Hyper-Vマネージャー」から「操作」の「仮想スイッチ・マネージャー」を選択して、「内部ネットワーク」用の「仮想スイッチ」を作ります。

「プライベート・ネットワーク」にすると、「Windows」側(ホストOS)に「仮想LAN」が追加されないので、「内部ネットワーク」のほうを選んでください。

「仮想スイッチ」の「名前」はお好みで付ければよく、ここでは「新しい仮想スイッチ(内部)ブリッジ用」としています。

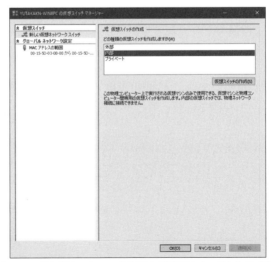

図1.2 「内部ネットワーク」用の「仮想スイッチ」を作成①

[1.3] 対象ディストリビューション

図 1.3 「内部ネットワーク」用の「仮想スイッチ」を作成②

次に、「ブリッジ接続」を行ないます。
コントロールパネルの「ネットワークとインターネット」→「ネットワークと共有センター」から「アダプターの設定の変更」を選びます。

「物理 LAN」である「イーサネット」(デバイス名=Intel 82579V Gigabit Network Connection) に加えて、「仮想 LAN」である「vEthernet(新しい仮想スイッチ(内部)ブリッジ用)」(デバイス名=Hyper-V Virtual Ethernet Adapter) が追加されていることを確認します。
これらのネットワークを複数選択し (Ctrl キーを押しながらクリックする)、右クリックすると、「ブリッジ接続」という項目があるので、選択します。
新しく「ネットワーク・ブリッジ」(デバイス名=Microsoft Network Adapter Multiplexor Driver) が追加されます。

これで「ブリッジ接続」が有効となりました。
「ネットワーク・ブリッジ」に「IP アドレス」などの設定 (下記参照) を行ない、パソコンからインターネット通信ができることを確認します。

[ネットワークブリッジのネットワーク設定]

IP アドレス	192.168.1.2
サブネットマスク	255.255.255.0
デフォルトゲートウェイ	192.168.1.1
優先 DNS サーバ	192.168.1.1
代替 DNS サーバ	なし

図 1.4　ブリッジ接続を行なう

[4]　仮想マシンの作成

　Linux をインストールするために必要となる「仮想マシン」を作っていきます。

　「Hyper-V マネージャー」の左側にある「コンピュータ名」を右クリックして、「新規」→「仮想マシン」を選択します。

　ウィザードが起動するので、あとは画面の指示に従って進めていくだけです。

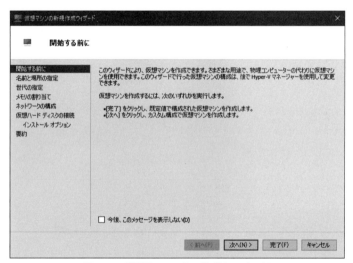

図 1.5　「仮想マシン」の作成ウィザード

　「名前と場所の指定」では、「場所のフォルダ」は「ディスクの空き容量」が充分(20GB 以上)であることを確認します。

[1.3] 対象ディストリビューション

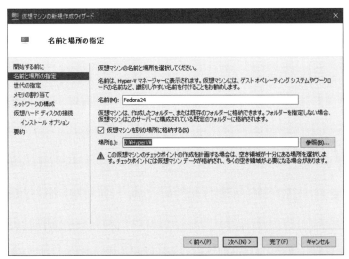

図 1.6 「ディスクの空き容量」が充分 (20GB 以上) あることを確認

「世代の指定」では、「第1世代」か「第2世代」かを選択する必要がありますが、比較的新しい Linux ディストリビューションであれば、どちらでも問題ありません。

この指定は、「ブート・モード」を、「Legacy BIOS 方式」(第1世代)にするか、「UEFI 方式」(第2世代)にするかを選ぶもので、古い OS を入れる場合は「第1世代」にする必要があります。

ここでは「第2世代」としています。

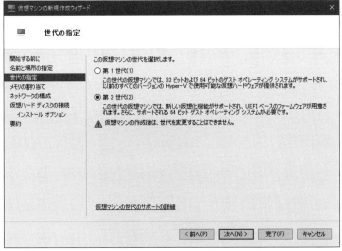

図 1.7 「仮想マシン」の「世代」を選択

「メモリの割り当て」は、「Linux」に割り当てる「物理メモリ容量」を表わしています。

「Fedora」は最低メモリ「1GB」で動作可能ですが、「1GB」以上にしたほうが

• BIOS
「Basic Input Output System」の略で「バイオス」と読む。
「パソコン」や「サーバ・マシン」には必ず搭載されており、電源を入れたときに最初に動作するファームウェア。
ハードウェアの初期化を行ない、OS を起動できるようにする。
BIOS は「ハードウェア・ベンダ」が開発する。
組み込み機器では、BIOS は存在せず、組み込み OS が直接起動するのが一般的。

• UEFI
「Unified Extensible Firmware Interface」の略で「ユーイーエフアイ」と読む。
BIOS を置き換える新しい仕組みのファームウェア。
BIOS は歴史が長すぎたことにより、新しいハードウェアへの対応が難しくなったことと、BIOS を開発できるベンダが極小であるという課題を解決するために、ポスト BIOS として UEFI が考案された。
ただし、UEFI をサポートするには、ハードと OS が対応する必要があり、個人環境ではなかなか普及しなかったが、「Windows 8」が対応したことと、「64ビット・プロセッサ」が浸透したことによって、昨今では UEFI が標準となりつつある。

23

動作が軽快になります。

　ただし、「Linux」への割り当て容量が多すぎると、こんどは「Windows」側で使えるメモリが減ってしまうので、注意してください。

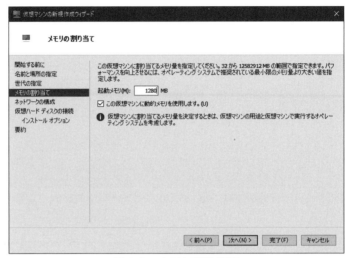

図1.8　メモリの割り当て

　「ネットワークの構成」は、前節で作った「新しい仮想スイッチ（内部）ブリッジ用」を選びます。

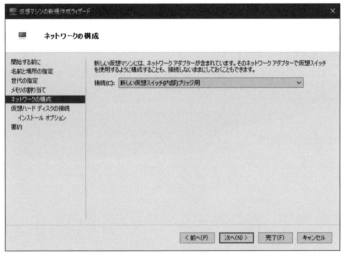

図1.9　「新しい仮想スイッチ（内部）ブリッジ用」を選択

　「仮想ハードディスクの接続」では、「ディスク・サイズ」の指定ができます。ここでは「15GB」としています。

　なお、「Fedora」のインストール後、「Fedora」を壊すことなく、後から「ディスク・サイズ」を拡張することもできます。

[1.3] 対象ディストリビューション

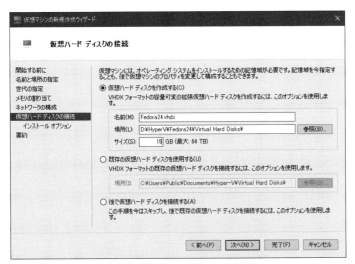

図 1.10　仮想ハードディスクの接続

「インストール・オプション」は、「Fedora」の「ISO イメージファイル」を指定しておくことで、「仮想マシン」の起動後、すぐに、「Fedora」のインストールができます。

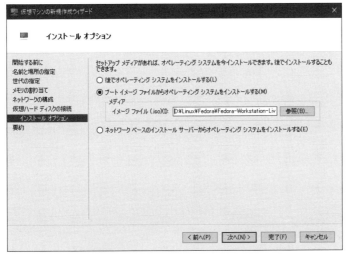

図 1.11　インストール・オプション

第1章 イントロダクション

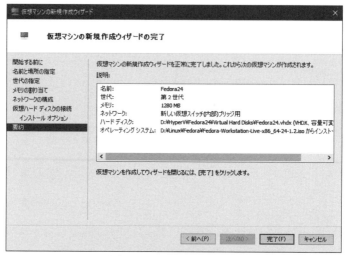

図1.12 仮想マシンの新規作成ウィザードの完了

「世代の指定」で「第2世代」を選択した場合、「セキュア・ブート」を「無効」にしておきます。

「セキュア・ブート」が「有効」であると、Microsoftが認めたOSしか起動できないので、「Linux」をインストールすることができなくなるからです。

・セキュア・ブート
「UEFI」の機能の一つであり、パソコンやサーバマシンのベンダが許可したOSしか起動させない仕組みで、セキュリティ対策である。
　従来はどのようなOSを起動することもできたが、ウィルスに感染したOSも起動できてしまっていた。
　この問題を解決するため、「セキュアブート」という仕組みが提唱されたが、ベンダが許可していないOSは起動できない。
　つまり、Windowsがプリインストールされているパソコンには、Linuxがインストールできない。
　そのため、「UEFI」の「セットアップ画面」で「セキュアブート」を「無効化」できるようになっている。

図1.13 「第2世代」を選択した場合、「セキュアブート」を無効にする

[5]「仮想マシン」の起動とインストール
「仮想マシン」に接続して、起動して、Linuxをインストールします。

[1.3] 対象ディストリビューション

図 1.14 「仮想マシン」に接続して、起動

図 1.15 Linux のインストール

■ Linux の設定

Linux のインストール完了後、下記に示す設定をして、使い勝手を向上させます。

① SSH で接続できるようにする
② 開発ツールを導入する

① SSH 接続

「Linux」を操作する際に、「グラフィカル・ウィンドウ・システム」(GNOME) からログインして操作できなくもないのですが、Windows から Linux に「SSH 接続」でコマンドライン操作するほうが使い勝手がよくなります。

• SSH
「Secure Shell」の略で「エスエスエイチ」と読む。Linux マシンにリモートでログインして、コマンドライン操作するための通信プロトコル。

かつては「TELNET」がよく利用されていたが、通信経路が暗号化されない(平文のまま)ため、昨今では代替として「SSH」が使われる。

Windows では標準で SSH 接続機能が搭載されていないため (Windows 10 でサポート予定)、別途ターミナルソフトを導入する必要がある。

Linux では ssh コマンドを使えばよい。

第1章 イントロダクション

                    *

　最初に、「Windows」と「Linux」がネットワーク通信できるかを確認します。

　「Linux」に「グラフィカル・ウィンドウ・システム」(GNOME)からログインして、端末を起動し、「ifconfigコマンド」または「ipコマンド」で、「Linux」に割り振られている「IPアドレス」を調べます。

```
# ifconfig
    or
# ip addr show
```

　次に、「Windows」の「コマンドプロンプト」を起動して、「pingコマンド」で「Linux」と疎通できるかを確認します。

```
c:\>ping 192.168.1.4
```

　「ネットワークの疎通確認」ができたら、「SSH接続」の確認を行ないます。

　「Fedora Workstation」では、「SSHサーバ」(OpenSSH)はデフォルトでインストールされているのですが、「無効化」されているため、「有効化」が必要です。

```
# systemctl list-unit-files
# systemctl enable sshd.service
# systemctl start sshd.service
```

　「Tera Term」(https://osdn.jp/projects/ttssh2/)などの「ターミナル・ソフト」を使って、「Linux」に「SSH接続」でログインできるか確認します。

②「開発ツール」の導入

　「Fedora」にはデフォルトでは「gcc」などの「開発ツール」は入っていないので、「ソース・コード」をビルドすることができません。そのため、「開発ツール」の導入を行ないます。

                    *

　まず、「yum」または「dnf」コマンドを使って、利用可能なパッケージ名を調べます。

```
# yum grouplist
    or
# dnf grouplist
```

　「インストール」したいパッケージは「C開発ツールとライブラリー」であるため、「yum」または「dnf」コマンドを使ってインストールします。

```
# dnf groupinstall 'C 開発ツールとライブラリー'
```

- **yum**

　「Yellowdog Updater Modified」の略で「ヤム」と読む。

　LinuxのRPMパッケージ管理を行なうコマンドで、パッケージの依存関係を自動で解決する利便性の高いコマンドで、Linuxでは長らく利用されてきた。

　しかし、「yum」には問題点があったため、Fedora22からは「ポストyum」として「dnf」(Dandified yum)コマンドが導入された。

　今後、「yum」は廃れ、「dnf」が主流となっていくと考えられる。

[1.3] 対象ディストリビューション

[実行結果]

```
# dnf grouplist
Fedora 24 - x86_64 - Updates                    101 kB/s |   13 MB    02:13
Fedora 24 - x86_64                              224 kB/s |   47 MB    03:35
メタデータの期限切れの確認は、0:01:49 時間前の Wed Aug 10 23:48:06 2016 に実施しました。
利用可能な環境グループ:
   最小限のインストール
   Fedora Custom Operating System
   Fedora Server Edition
   Fedora Workstation
   Fedora Cloud Server
   KDE Plasma デスクトップワークスペース
   Xfce デスクトップ
   LXDE デスクトップ
   Hawaii Desktop
   LXQt Desktop
   Cinnamon デスクトップ
   MATE デスクトップ
   Sugar デスクトップ環境
   開発環境とクリエイティブワークステーション
   Web サーバー
   インフラサーバー
   基本的なデスクトップ環境
利用可能なグループ:
   管理ツール
   Ansible node
   Audio Production
   著作と発行
   本とガイド
   C 開発ツールとライブラリー
   クラウド基盤
   Cloud Management Tools
   Container Management
   D Development Tools and Libraries
   デザインスイート
   開発ツール
   Domain Membership
   Fedora Eclipse
   エディタ
   教育用ソフトウェア
   電子ラボラトリ
   技術系と科学系
   FreeIPA Server
   ゲームと娯楽
   Headless Management
   LibreOffice
   MATE Applications
   MATE Compiz
   医療アプリケーション
   Milkymist
   ネットワークサーバー
   Office/生産性
   ロボット
```

第1章 イントロダクション

```
    RPM 開発ツール
    セキュリティラボ
    サウンドとビデオ
    システムツール
    テキストベースのインターネット
    3D プリント
    ウィンドウマネージャ


# dnf groupinstall 'C 開発ツールとライブラリー'
メタデータの期限切れの確認は、0:22:02 時間前の Wed Aug 10 23:48:06 2016 に実施しました。
依存性が解決されました。
================================================================================
 グループ                 パッケージ
================================================================================
Marking packages as installed by the group:
 @C 開発ツールとライブラリー
                           ccache          elfutils        glibc-devel
                           gcc-c++         bison           automake
                           oprofile        make            flex
                           cscope          gcc             valgrind
                           indent          gdb             check
                           ltrace          strace          autoconf
                           pkgconfig       ctags           byacc
                           binutils        libtool
================================================================================
                             :
                             :
総ダウンロード容量: 25 M
インストールされる容量: 87 M
これでいいですか? [y/N]: y
パッケージをダウンロードしています:
                             :
                             :
合計                                      563 kB/s |  25 MB     00:45
トランザクションの確認を実行中...
トランザクションの確認に成功しました。
トランザクションのテストを実行中...
トランザクションのテストに成功しました。
トランザクションを実行中...
                             :
                             :
ダウンロードされたパッケージは、次の成功するトランザクションまで、キャッシュに保存されます。
'dnf clean packages' を実行することでキャッシュを削除できます。
```

■ ディスクサイズの拡張

「Hyper-V」に「Fedora」をインストール後、「パッケージ」を追加インストールしていくと、「ディスク容量」が足りなくなることがあります。

「仮想化環境」では、「ショップ」で「ハードディスク」を購入しなくても、容易に「ディスク容量」を増やすことができます。

[1.3] 対象ディストリビューション

また、「Fedora」が「LVM」（Logical Volume Manager）に対応しているため、一度インストールしたOSを壊すことなく、ディスクの拡張ができます。

ディスクの拡張順の流れは以下の通りです。

手 順

[1] 「仮想ハードディスク」のバックアップを取る
[2] 「仮想ハードディスク」のサイズを拡張する
[3] 「parted コマンド」で「パーティション」を拡張する
[4] 「pvresize コマンド」で「Physical volume」を拡張する
[5] 「Fedora」を再起動する
[6] 「lvextend コマンド」で「Logical volume」を拡張する
[7] 「resize2fs コマンド」で「ファイル・システム」を拡張する

＊

個々の詳細手順を次に示します。

---

[1] 「仮想ハードディスク」のバックアップを取る

ディスク操作ミスをすると、せっかく構築した環境が壊れてしまう場合があります。

念のため、「Hyper-V」のディスク領域のバックアップを取っておきます。

「Hyper-V」のセットアップをするとき、「仮想ハードディスク」の「ファイル・パス」を指定しましたが、直下に「Fedora24.vhdx」というような拡張子が「.vhdx」というファイルがあります。

このファイルのコピーを取っておきます。

```
D:¥HyperV¥Fedora24¥Virtual Hard Disks¥Fedora24.vhdx
```

[2] 「仮想ハードディスク」のサイズを拡張する

「Hyper-V マネージャ」から「仮想マシン」の設定を開き、SCSI コントローラーのハードドライブにある「仮想ハードディスク」の編集ボタンを押します。

「編集ウィザード」が出てくるので、「次へ」で進み、「操作の選択」で「拡張」を選び、「次へ」で進み、「ディスクの構成」で増やしたいサイズに変更します。

ここで「40GB」から「60GB」に拡張したとしています。

[3] 「parted コマンド」で「パーティション」を拡張する

「仮想マシン（Fedora）」を起動し、「root ユーザー」でログインします。
「parted」コマンドを実行します。

「Fedora24」には「GNU parted 3.2」がインストールされています。

• **LVM**

「Logical Volume Manager」の略。

発祥はHP-UXというOSだが、Linuxでもext3から利用できるようになった。

LVMを利用することで、柔軟なディスク管理で行なえるようになる。

一度作成したパーティションを壊すことなく、伸張することができる。

LVMではPV(Physical Volume)、VG(Volume Group)、LV(Logical Volume)という階層構造で構成される。

31

第1章 イントロダクション

「parted」の「print コマンド」で見ると、ディスク (/dev/sda) は「約 64GB」あるのに、「使用ディスク」は「約 41GB」までとなっていて、「仮想ハードディスク」の「拡張したサイズ」が認識されていません。

[実行結果]

```
# parted
GNU Parted 3.2
/dev/sda を使用
GNU Parted へようこそ！ コマンド一覧を見るには 'help' と入力してください。

(parted) print
警告: /dev/sda で利用可能な領域の一部が利用されていません。GPT を修正して全ての領域を利用可能にす
るか(41943040
ブロック増えます)、このままで続行することができますが、どうしますか？

修正/Fix/無視(I)/Ignore? f

モデル: Msft Virtual Disk (scsi)
ディスク /dev/sda: 64.4GB
セクタサイズ (論理/物理): 512B/4096B
パーティションテーブル: gpt
ディスクフラグ:

番号  開始     終了     サイズ   ファイルシステム  名前                   フラグ
 1    1049kB   211MB    210MB    fat16             EFI System Partition   boot, esp
 2    211MB    735MB    524MB    ext4
 3    735MB    42.0GB   41.3GB                     primary                lvm
```

「パーティション 3」を削除して、作り直します。

[実行結果]

```
(parted) rm 3
エラー: パーティション 3 (/dev/sda 上)
できませんでした。おそらく、使用中だったのが原因だと思われます。そのため、古いパーティション情報が
そのまま使われます。さらなる変更をする前に再起動してください。

無視(I)/Ignore/取消(C)/Cancel? i
(parted) p
モデル: Msft Virtual Disk (scsi)
ディスク /dev/sda: 64.4GB
セクタサイズ (論理/物理): 512B/4096B
パーティションテーブル: gpt
ディスクフラグ:

番号  開始     終了     サイズ   ファイルシステム  名前                   フラグ
 1    1049kB   211MB    210MB    fat16             EFI System Partition   boot, esp
 2    211MB    735MB    524MB    ext4

(parted) mkpart primary 735M 64.4G
(parted) p
モデル: Msft Virtual Disk (scsi)
ディスク /dev/sda: 64.4GB
```

[1.3] 対象ディストリビューション

```
セクタサイズ (論理/物理): 512B/4096B
パーティションテーブル: gpt
ディスクフラグ:

番号   開始     終了     サイズ    ファイルシステム      名前                    フラグ
 1    1049kB   211MB    210MB    fat16            EFI System Partition   boot, esp
 2    211MB    735MB    524MB    ext4
 3    735MB    64.4GB   63.7GB                    primary

(parted) set 3 lvm on
(parted) p
モデル: Msft Virtual Disk (scsi)
ディスク /dev/sda: 64.4GB
セクタサイズ (論理/物理): 512B/4096B
パーティションテーブル: gpt
ディスクフラグ:

番号   開始     終了     サイズ    ファイルシステム      名前                    フラグ
 1    1049kB   211MB    210MB    fat16            EFI System Partition   boot, esp
 2    211MB    735MB    524MB    ext4
 3    735MB    64.4GB   63.7GB                    primary                lvm

(parted) q
通知: 必要であれば /etc/fstab を更新するのを忘れないようにしてください。
```

[4]「pvresize コマンド」で「Physical volume」を拡張する
　「LVM」の最下位レイヤである「物理ボリューム」を拡張します。

[実行結果]

```
# pvs
  PV          VG      Fmt   Attr  PSize   PFree
  /dev/sda3   fedora  lvm2  a--   38.43g  0

# pvresize /dev/sda3
  Physical volume "/dev/sda3" changed
  1 physical volume(s) resized / 0 physical volume(s) not resized

# pvs
  PV          VG      Fmt   Attr  PSize   PFree
  /dev/sda3   fedora  lvm2  a--   59.31g  20.88g
```

[5]「Fedora」を再起動する

[実行結果]

```
# reboot
```

[6]「lvextend コマンド」で「Logical volume」を拡張する
　「LVM」の各レイヤの容量を確認します。
　レイヤは下位から順に、「PV」(物理ボリューム)、「VG」(ボリュームグループ)、「LV」(論理ボリューム) です。

33

第1章 イントロダクション

実行結果を見ると、「LV」がまだ容量が少ないままです。

[**実行結果**]

```
# pvs
  PV         VG     Fmt  Attr PSize  PFree
  /dev/sda3  fedora lvm2 a--  59.31g 20.88g

# vgs
  VG     #PV #LV #SN Attr   VSize  VFree
  fedora   1   2   0 wz--n- 59.31g 20.88g

# lvs
  LV   VG     Attr       LSize  Pool Origin Data%  Meta%  Move Log Cpy%Sync Convert
  root fedora -wi-ao---- 36.93g
  swap fedora -wi-ao----  1.50g

# df -h
ファイルシス            サイズ  使用  残り 使用% マウント位置
devtmpfs                 563M     0  563M   0% /dev
tmpfs                    574M  120K  573M   1% /dev/shm
tmpfs                    574M  904K  573M   1% /run
tmpfs                    574M     0  574M   0% /sys/fs/cgroup
/dev/mapper/fedora-root   35G   16G   18G  47% /
tmpfs                    574M   16K  574M   1% /tmp
/dev/sda2                477M  124M  324M  28% /boot
/dev/sda1                200M  8.4M  192M   5% /boot/efi
tmpfs                    115M   12K  115M   1% /run/user/42
tmpfs                    115M     0  115M   0% /run/user/0
```

「lvextend コマンド」で「LV」を拡張します。

[**実行結果**]

```
# lvdisplay
  --- Logical volume ---
  LV Path                /dev/fedora/root
  LV Name                root
  VG Name                fedora
  LV UUID                FYX0J8-IkoD-DbBo-ZyXW-oUIG-dSOK-NWaveO
  LV Write Access        read/write
  LV Creation host, time localhost.localdomain, 2016-08-10 22:07:59 +0900
  LV Status              available
  # open                 1
  LV Size                36.93 GiB
  Current LE             9454
  Segments               1
  Allocation             inherit
  Read ahead sectors     auto
  - currently set to     256
  Block device           253:1

# lvextend -l 100%FREE /dev/fedora/root
  Size of logical volume fedora/root changed from 36.93 GiB (9454 extents) to 57.81 GiB (14800 extents).
```

[1.3] 対象ディストリビューション

```
  Logical volume root successfully resized.
# lvdisplay
  --- Logical volume ---
  LV Path                /dev/fedora/root
  LV Name                root
  VG Name                fedora
  LV UUID                FYX0J8-IkoD-DbBo-ZyXW-oUIG-dSOK-NWaveO
  LV Write Access        read/write
  LV Creation host, time localhost.localdomain, 2016-08-10 22:07:59 +0900
  LV Status              available
  # open                 1
  LV Size                57.81 GiB
  Current LE             14800
  Segments               1
  Allocation             inherit
  Read ahead sectors     auto
  - currently set to     256
  Block device           253:1
```

[7] 「resize2fs コマンド」で「ファイル・システム」を拡張する

「LVM」の拡張は完了したので、最後に、「ファイルシステム (ext4)」の拡張を行ないます。

「resize2fs コマンド」を実行して、「df コマンド」で「Fedora」のファイルシステムが増えていることを確認します。

[実行結果]

```
# df -h
ファイルシス              サイズ   使用  残り  使用% マウント位置
devtmpfs                 563M      0   563M    0% /dev
tmpfs                    574M   120K   573M    1% /dev/shm
tmpfs                    574M   896K   573M    1% /run
tmpfs                    574M      0   574M    0% /sys/fs/cgroup
/dev/mapper/fedora-root   35G    16G    18G   47% /
tmpfs                    574M    16K   574M    1% /tmp
/dev/sda2                477M   124M   324M   28% /boot
/dev/sda1                200M   8.4M   192M    5% /boot/efi
tmpfs                    115M    16K   115M    1% /run/user/42
tmpfs                    115M      0   115M    0% /run/user/0

# resize2fs /dev/fedora/root
resize2fs 1.42.13 (17-May-2015)
Filesystem at /dev/fedora/root is mounted on /; on-line resizing required
old_desc_blocks = 3, new_desc_blocks = 4
[  392.719541] EXT4-fs (dm-1): resizing filesystem from 9175040 to 15155200 blocks
[  392.878016] EXT4-fs (dm-1): resized filesystem to 15155200
The filesystem on /dev/fedora/root is now 15155200 (4k) blocks long.

# df -h
ファイルシス              サイズ   使用  残り  使用% マウント位置
devtmpfs                 563M      0   563M    0% /dev
```

```
tmpfs                        574M    120K   573M    1% /dev/shm
tmpfs                        574M    896K   573M    1% /run
tmpfs                        574M      0    574M    0% /sys/fs/cgroup
/dev/mapper/fedora-root       57G     16G    39G   29% /
tmpfs                        574M     16K   574M    1% /tmp
/dev/sda2                    477M    124M   324M   28% /boot
/dev/sda1                    200M    8.4M   192M    5% /boot/efi
tmpfs                        115M     16K   115M    1% /run/user/42
tmpfs                        115M      0    115M    0% /run/user/0
```

column 「Cygwin」の導入方法

　「Cygwin」(シグウィン)は、「Microsoft Windows」上で「UNIX環境」を構築するための仕組みです。「Windows 95」の時代から存在する、20年来のツール(フリーソフト)です。

　「Cygwin」は、「UNIX」で使われる「API」を、「Win32 API」で再実装することで、「UNIXプログラムをビルド」し直すだけで、「Windows」上での動作を実現しています。

　「Cygwin」は、「Linux」のソースコードを参照するツールとしても便利であるため、本書においてもしばしば登場します。

*

ここでは、「Cygwin」の導入方法について説明します。
原稿執筆時点での最新バージョンは「2.5.2」(2016年6月リリース)です。

---

[1]　「Cygwin」の下記サイトからセットアッププログラム(setup-x86.exe)をダウンロードします。

> ※ お使いのパソコンが「64bit対応」であれば、「setup-x86_64.exe」でもいいです。

```
http://www.cygwin.com/
```

[2]　「セットアップ・プログラム」(setup-x86.exe)を実行します。

[3]　「セットアップ・ウィザード」が起動するので、「Choose Installation Type」でインストール方法を選びます。
　インターネット回線が高速なのであれば、"Install from Internet"でもいいですが、ここではパッケージをすべてダウンロードしてから、インストールすることにします。
　まずは、"Download Without Installing"を選びます。

[4]　「Select Local Package Directory」で、Cygwinのパッケージをダウンロードするフォルダを選択します。
　数GBから数十GBの大きさになるので、ディスクの空き容量の確認が必要です。

[1.3] 対象ディストリビューション

[5] 「Select Connection Type」では、インターネットの通信方法を選択します。「プロキシ」を経由する必要がある場合は、ここで設定をしておきます。

[6] 「Choose Download Site(s)」では、「Cygwin」のパッケージをどの「ミラーサイト」からダウンロードするかを選択します。
　「ミラーサイト」はどこでもいいですが、国内 (.jp) のほうがアクセスが速いです。

[7] 「Select Packages」では、インストールしたいパッケージを選択します。
　デフォルトでは必要最小限の選択になっているため、好みのパッケージをクリックして "Default" から "Install" に変更します。

　デフォルトでは、「gcc」などの開発ツールが未選択になっているので、"Devel" カテゴリを選択しておきます。

[8]　パッケージのダウンロードが完了するまで待ちます。
　ダウンロードが完了したら、セットアッププログラムは一度終了します。

[9]　再度、手順 [2] からやり直すのですが、「Choose Installation Type」では "Install from Local Directory" を選択して、先ほどダウンロードしたパッケージを自身のパソコンにインストールします。

[10]　インストールが完了したら、デスクトップおよびスタートメニューに「Cygwin Terminal」というアイコンが作られます。
　当該アイコンを起動して、"bash" というタイトルの黒い端末が出てくれば、成功です。

＊

　Windows のコマンドプロンプトと比べて、Cygwin の端末上では、UNIX ライクなコマンドライン操作が行なえます。

　C や D ドライブなどに移動するには、たとえば「cd c:」とすることで、Cygwin 端末上で C ドライブに移動できます。

＊

　参考までに、「Cygwin」の削除方法ですが、「アンインストーラー」が付属していないので、コントロールパネルの「プログラムと機能」から削除することができません。

　以下に示すように、「手動」で消していくことになります。

[1]　「Cygwin」のサービスが動作中であれば停止し、システムから削除する。
[2]　「Cygwin」の「インストール・フォルダ」をすべて削除する。
[3]　「デスクトップ」や「スタート・メニュー」にある「Cygwin」の「ショートカット」を削除する。

第1章 イントロダクション

[4] 「Cygwin」の「レジストリ」を削除する。

HKEY_CURRENT_USER¥SOFTWARE¥Cygwin

HKEY_LOCAL_MACHINE¥SOFTWARE¥Cygwin

第2章
「ソース・コード」読解のコツ

本章では、「ソース・コード」を読み解いていくためのノウハウを説明します。
自分が書いたのではない膨大なプログラムが読めるようになるためには、どうすればいいのか、それに必要なスキルを習得します。

第2章 「ソース・コード」読解のコツ

2.1 「ソース・コード」の入手方法

本節では、「オープンソース・ソフト」の「ソース・コード」の入手方法を説明します。

■「ソース・コード」の入手方法

プログラムの実装を調査するには、まずは「ソース・コード」を入手する必要があります。

以前は「Linux ディストリビューション」の媒体に、「ソース・コード」も含まれていた時代もありました。しかし、通常の Linux ユーザーには「ソース・コード」が必要ではないため、媒体には付属されなくなりました。

そのため、現在では、「Linux ディストリビューション」の開発元から別途入手する必要があります。

*

普段使っている「オープンソース・ソフト」の開発サイトが分かれば、そのサイトから「ソース・コード」をダウンロードできます。

たとえば、「Firefox」(Linux で定番のインターネットブラウザ)であれば、下記サイトです。

「Firefox」のように有名なソフトであれば、インターネットで検索すれば、容易に見つかります。

【トップページ】

```
https://www.mozilla.org/firefox/
```

【ソースコードの配布先】

```
http://releases.mozilla.org/pub/firefox/releases/
http://releases.mozilla.org/pub/firefox/releases/47.0/source/firefox-47.0.source.tar.xz
```

ここで気をつけないといけないことがあります。

「オープンソース・ソフト」は、それぞれのソフトごとに開発元が異なり、「ソース・コード」や「リリース物件」は各開発サイトで公開されています。

ただし、「Linux ディストリビューション」に同梱される際に、「Linux ディストリビューション」の開発者によって改修される(パッチされる)場合があります。

つまり、「ソース・コード」を参照したいプログラムが、「Linux ディストリビューション」に含まれているものなのかを把握しておく必要があるのです。

・媒体

メディア(media)のことで、CD や DVD、BD といった円盤状のメディアに Linux ディストリビューションを書き込む。

メディアを購入して、ISO イメージファイルを書き込めば、CD/DVD/BD 媒体からブートして Linux をインストールすることができる。

パソコンが対応していれば、USB メモリを媒体として使うこともできる。

・開発サイト

オープンソース開発は、ソースコードを一般公開することが目的であるため、通常インターネット上でソースコードを管理するリポジトリが公開され、バグ情報やユーザー対応、開発状況の情報もオープンにされる。

そうした情報を公開するサイト。

・Firefox

Mozilla Foundation が開発するブラウザ。

元は「Netscape」のソースコードであり、開発自体は 1998 年から行なわれているが、開発中に幾度か名称変更があり、右往左往していた時期があった。

しかし、「Firefox」という名前になってからのリリースで人気が急上昇し、現在では定番ブラウザのひとつとなっている。

・パッチ

「ソース・コード」のバグ修正のために、プログラムの一部分を変更する場合、その変更部分を「パッチ」と呼ぶ。

変更部分を修正することを「パッチ適用する」という。

「パッチ」(patch) という名称は、本来は破れた布を修繕することから来ている。

Linux の場合、「パッチ」は実質ソースコードの差分 (diff) と同じである。

[2.1]「ソース・コード」の入手方法

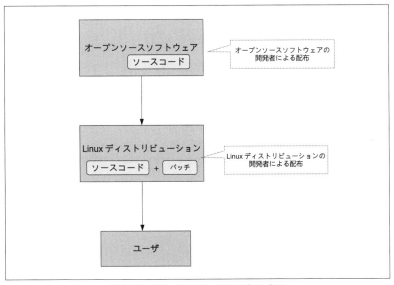

図2.1 「ソース・コード」配布の流れ

「Linux ディストリビューション」に同梱されているプログラムの「ソース・コード」は、すべて「Linux ディストリビューション」の開発元で公開されています。

第1章で Fedora の入手方法を紹介しましたが、入手先のサイトに「ソース・コード」もあわせて格納されています。たとえば、「Firefox」の「ソース・コード」は、下記にあります。

本家のサイトではアーカイブが「tarball(tar+LZMA)」になっていますが、「Fedora」では「SRPM(Source RPM Package Manager)」と異なった形式になっています。

この形式は「Red Hat 系 Linux」で採用されている形式です。

```
http://ftp.jaist.ac.jp/pub/Linux/Fedora/releases/24/Workstation/source/
http://ftp.jaist.ac.jp/pub/Linux/Fedora/releases/24/Workstation/source/
tree/Packages/f/firefox-47.0-4.fc24.src.rpm
```

■「パッケージ名」の調べ方

「ソース・コード」を入手しようにも、プログラムが格納されているパッケージ名が分からない場合があります。

たとえば、「ifconfig コマンド」(ネットワークアドレスを調べるコマンド)がどのパッケージに所属するかを知らないと、Linux ディストリビューションの SRPM ファイル名すら分かりません。

それ以前に ifconfig コマンドがどこのプロジェクトで開発されているかも分かりません。

そこで、「Linux」上で「yum」または「dnf」コマンドを使うことで、「パッケージ名」

- **SRPM**
  RedHat系Linuxでは、ソフトが「RPM」(RPM Package Manager)というバイナリ形式で配布され、「ソース・コード」は含まれない。
  RPMに対応する「ソース・コード」は「SRPM」(Source RPM)という形式で配布される。
  ディスク容量削減のため、Linux ディストリビューションのインストール媒体には SRPM が同梱されないので、別途ダウンロードする必要がある。

- **ifconfig**
  Linux が認識しているネットワークアドレスを調べるコマンド。
  一時的に、IP アドレスの変更もできる。
  長らく、Linux では if config コマンドが使われてきたが、昨今では ip コマンドに置き換えられようとしている。
  なお、「Microsoft Windows」では ipconfig というコマンド名になっているのは、元ネタが ifconfig だからである。

第2章 「ソース・コード」読解のコツ

- **which**
  実行コマンドのパスを調べるコマンド。
  パスが通っていないコマンドは調べられないので、エラーとなる。
  類似のコマンドとして、whereやwhereisなどがある。

を調べる方法があります。

```
# rpm -qif `which コマンド名`
        or
# dnf info `which コマンド名`
```

以下に、実行例を示します。

この結果から、下記のことが分かります。

- 「ifconfig コマンド」は「net-tools」という名前のパッケージに含まれている。
- 「SRPM ファイル」は「net-tools-2.0-0.37.20160329git.fc24.src.rpm」である。
- 「本家開発サイト」は「http://sourceforge.net/projects/net-tools/」である。

よって、「Fedora」の「ソース・コード」を入手したい場合は、下記からダウンロードすればよいことが分かります。

```
http://ftp.jaist.ac.jp/pub/Linux/Fedora/releases/24/Workstation/source/tree/Packages/n/net-tools-2.0-0.37.20160329git.fc24.src.rpm
```

「本家」の「ソース・コード」を入手したい場合は、「本家」開発サイトからダウンロードすればよいのですが、先の「SRPM ファイル」にも同梱されています。

[実行結果]

```
# rpm -qif `which ifconfig`
Name         : net-tools
Version      : 2.0
Release      : 0.37.20160329git.fc24
Architecture : x86_64
Install Date : 2016年06月15日 01時36分53秒
Group        : System Environment/Base
Size         : 938709
License      : GPLv2+
Signature    : RSA/SHA256, 2016年03月31日 01時06分01秒, Key ID 73bde98381b46521
Source RPM   : net-tools-2.0-0.37.20160329git.fc24.src.rpm
Build Date   : 2016年03月30日 23時05分45秒
Build Host   : buildvm-07.phx2.fedoraproject.org
Relocations  : (not relocatable)
Packager     : Fedora Project
Vendor       : Fedora Project
URL          : http://sourceforge.net/projects/net-tools/
Summary      : Basic networking tools
Description  :
The net-tools package contains basic networking tools,
including ifconfig, netstat, route, and others.
Most of them are obsolete. For replacement check iproute package.

# dnf info `which ifconfig`
メタデータの期限切れの確認は、0:50:16 時間前の Sun Aug 14 22:07:33 2016 に実施しました。
```

[2.1]「ソース・コード」の入手方法

```
インストール済みパッケージ
名前          : net-tools
アーキテク     : x86_64
エポック       : 0
バージョン     : 2.0
リリース       : 0.37.20160329git.fc24
容量          : 917 k
リポジトリ     : @System
From repo    : koji-override-0
概要          : Basic networking tools
URL          : http://sourceforge.net/projects/net-tools/
ライセンス     : GPLv2+
説明          : The net-tools package contains basic networking tools,
             : including ifconfig, netstat, route, and others.
             : Most of them are obsolete. For replacement check iproute package.
```

■「SRPMファイル」の展開

「ifconfigコマンド」が「net-toolsパッケージ」に同梱されており、「net-tools-2.0-0.37.20160329git.fc24.src.rpm」という「SRPMファイル」であることまでは分かりました。

しかし、この「SRPMファイル」は「バイナリ・データ」であり、このファイルから「ソース・コード」や「パッチ」を取り出すにはどうしたらいいのでしょうか。

*

取り出す手順としては、以下に示す方法があります。

① 「rpmコマンド」でパッケージをインストールする
② 「rpm2cpioコマンド」で展開する

いずれの方法を選んだとしても、同じ結果を得ることができます。
正式手順としては、どちらかと言えば、①のほうになります。
また、コマンドの実行はLinux上で行なうことになりますが、「Cygwin」でもできます。

*

①の具体的な手順としては、下記になります。

「rpmコマンド」を実行する上で、「root権限」である必要はなく、「ユーザー権限」で問題ありません。

```
# rpm -ivh SRPMファイル
```

「SRPMファイル」ではなく、「RPMファイル」を引数に指定した場合は、パッケージを「Linux」に導入することになってしまいますが、「SRPMファイル」の場合は、単にパッケージが展開されて、「ソース・コード」一式が抽出されるのみとなります。

*

・root権限

Linuxに対する全操作を可能とするスーパーユーザーの権限のこと。
スーパーユーザー名がrootであることから、「root権限」とも呼ばれる。
実際にはUID(User Identifier)がゼロであるユーザーのことを指す。
「パスワード・ファイル」を編集することで、「スーパーユーザー」を自由に変更および追加することができる。

第2章　「ソース・コード」読解のコツ

・警告
コマンドを実行していると、エラーではないが、注意喚起がされることがあり、そのことを「警告(warning)メッセージ」という。
警告によっては、エラーに近いものも存在するため、警告の内容は必ず確認する必要がある。
コンパイル時の警告をエラー扱いにして、コンパイルを中断させることもできる。

以下に実行例を示します。
ユーザーの「ホーム・ディレクトリ」に「~/rpmbuild」というディレクトリが作られ、その中に「ソース・コード」一式が展開されます。
すでに当該ディレクトリが存在する場合は、「上書き」される形で展開されます。
なお、「rpmコマンド」の実行中、頻繁に「ユーザーmockbuildは存在しません」というような警告が出てきますが、コマンドの実行には影響しないので無視していいです。
この警告は、「SRPMファイル」が作られたときに使われた「ユーザー」や「グループ」が"mockbuild"という名前であり、「SRPMファイル」を展開するマシンに存在しないため、警告が出ている、というわけです。

[実行結果]

```
[yutaka@localhost ~]$ rpm -ivh net-tools-2.0-0.37.20160329git.fc24.src.rpm
更新中 / インストール中...
   1:net-tools-2.0-0.37.20160329git.fc警告: ユーザー mockbuild は存在しません - root を使
用します
警告: グループ mockbuild は存在しません - root を使用します
          :
          :
          :
################################# [100%]

[yutaka@localhost ~]$ cd rpmbuild/
[yutaka@localhost rpmbuild]$ ls
SOURCES   SPECS
[yutaka@localhost rpmbuild]$ ls *
SOURCES:
arp-ethers.service            mii-diag.c
ether-wake-interfaces.patch   net-tools-2.0.20160329git.tar.xz
ether-wake.8                  net-tools-config.h
ether-wake.c                  net-tools-config.make
ipmaddr.8                     net-tools-cycle.patch
iptunnel.8                    net-tools-man.patch
mii-diag.8

SPECS:
net-tools.spec
```

＊

②の具体的な手順としては、下記になります。

・cpio
「cpio」(Copy In and Out)は、「ファイル・アーカイバ」の種別であり、Linux以外のプラットフォームでも幅広く利用されている。
LinuxではRPMのアーカイブ形式として使われている。

この手順は、RPMおよびSRPMファイルの実体が"cpio"というファイルフォーマットであることを利用したものです。
SRPMファイルをいったん「cpioファイル」に変換してから、「cpio形式」として展開しています。

```
# rpm2cpio SRPMファイル | cpio -id
```

以下に実行例を示します。

[2.1] 「ソース・コード」の入手方法

コマンドを実行したディレクトリ配下に、そのまま「ソース・コード」一式が展開されます。

[実行結果]

```
# rpm2cpio net-tools-2.0-0.37.20160329git.fc24.src.rpm | cpio -id
593 blocks
# ls
arp-ethers.service            net-tools-2.0-0.37.20160329git.fc24.src.rpm*
ether-wake-interfaces.patch   net-tools-2.0.20160329git.tar.xz
ether-wake.8                  net-tools-config.h
ether-wake.c                  net-tools-config.make
ipmaddr.8                     net-tools-cycle.patch
iptunnel.8                    net-tools-man.patch
mii-diag.8                    net-tools.spec
mii-diag.c
```

■「SRPM ファイル」の同梱物

SRPM ファイルを展開すると、複数のファイルが出現します。

ファイルの種類や個数は、パッケージによってまったく異なるので、1 つ 1 つ調べていくのが面倒な感じがしますが、実体としては、以下に示す 3 つの種類に分けられます。

ファイル名	説明
net-tools.spec	スペックファイル
net-tools-2.0.20160329git.tar.xz	本家のソースコード
上記以外	パッチ

「net-tools.spec」を「スペック・ファイル」という呼び方をしましたが、「SRPM」および「RPM」パッケージを構築する上で、大変重要な「設定ファイル」になります。

この「ファイル」には、「パッケージ」を作るために、「ソース・コード」をどのようにビルドするか、ビルドされたプログラムを「Linux」にインストールする際、何を入れるべきか、などの情報が記載されています。

すなわち、「スペック・ファイル」を見ることで、残りのファイルが何を意味するのかが分かる、ということです。

「tarball(net-tools-2.0.20160329git.tar.xz)」は、「開発本家」によるオリジナルの「ソース・コード」を表わします。

*

他のファイルについても確認しておきます。

「拡張子」が「.patch」のファイル (「ether-wake-interfaces.patch」「net-tools-cycle.patch」「net-tools-man.patch」) は、オリジナルの「ソース・コード」に適用する

第2章 「ソース・コード」読解のコツ

パッチです。

当該ファイルの中身を見ると、「diff」の出力結果（一般的なパッチの形式）になっていることも分かります。

「拡張子」が「.8」のファイル（「ether-wake.8」「ipmaddr.8」「iptunnel.8」「mii-diag.8」）は、「manページ」です。

厳密には、「manページ」の元となる「roffファイル」と言います。

- **roff**
  「roff」(to run off a copy) は文書の整形を行なうコマンドで、Linuxでは「manページ」の整形に使われている。
  「roff」の別種として「nroff」や「groff」などがある。

残りのファイル（「ether-wake.c」「mii-diag.c」「net-tools-config.h」「net-tools-config.make」）についても、「パッチ」の一種であり、オリジナルの「ソース・コード」の一部を差し替えを行ないます。

- **ビルド**
  「コンパイル」(compile) することの同じ意味として、「ビルド」(build) という言い方をすることがある。
  いずれにしても、「ソース・コード」からコンピュータ上で実行できるプログラムを生成する行為を指す。

最後に残ったファイル (arp-ethers.service) ですが、「プログラムをインストール」するときに使われるファイルであり、「ソース・コード」のビルドには関係しません。

＊

以上で個々のファイルの説明は終わりですが、「スペック・ファイル」の読み方についても説明しておきます。

- **スペック・ファイル**
  「RPMパッケージ」を構築するために必要となるファイルで、構築の指示書。「SPEC」という名前は「Specification」の先頭文字。

下記ファイル中にコメントを付けましたので、確認してみてください。

[net-tools.spec]

```
%global checkout 20160329git

Summary: Basic networking tools
Name: net-tools
Version: 2.0
Release: 0.37.%{checkout}%{?dist}
License: GPLv2+
Group: System Environment/Base
URL: http://sourceforge.net/projects/net-tools/
★↑開発本家のサイトURL

# git archive --format=tar --remote=git://git.code.sf.net/p/net-tools/code master | xz > net-tools-%%{version}.%%{checkout}.tar.xz
Source0: net-tools-%{version}.%{checkout}.tar.xz
★↑オリジナルのソースコード(tarball)

Source1: net-tools-config.h
Source2: net-tools-config.make
Source3: ether-wake.c
Source4: ether-wake.8
Source5: mii-diag.c
Source6: mii-diag.8
Source7: iptunnel.8
Source8: ipmaddr.8
★↑差し替えソースファイルとmanページ

Source9: arp-ethers.service
★↑インストールファイル

# adds <delay> option that allows netstat to cycle printing through statistics every
```

[2.1]「ソース・コード」の入手方法

```
delay seconds.
Patch1: net-tools-cycle.patch
```
★↑パッチファイル

```
# various man page fixes merged into one patch
Patch2: net-tools-man.patch
```
★↑パッチファイル

```
# use all interfaces instead of default (#1003875)
Patch20: ether-wake-interfaces.patch
```
★↑パッチファイル

```
BuildRequires: bluez-libs-devel
BuildRequires: gettext, libselinux
BuildRequires: libselinux-devel
BuildRequires: systemd-units
Requires(post): systemd-units
```
★↑RPMパッケージを作成するために必要となるパッケージ

```
%description
The net-tools package contains basic networking tools,
including ifconfig, netstat, route, and others.
Most of them are obsolete. For replacement check iproute package.

%prep
%setup -q -c
%patch1 -p1 -b .cycle
```
★↑パッチファイル(net-tools-cycle.patch)の適用方法

```
%patch2 -p1 -b .man
```
★↑パッチファイル(net-tools-man.patch)の適用方法

```
cp %SOURCE1 ./config.h
cp %SOURCE2 ./config.make
cp %SOURCE3 .
cp %SOURCE4 ./man/en_US
cp %SOURCE5 .
cp %SOURCE6 ./man/en_US
cp %SOURCE7 ./man/en_US
cp %SOURCE8 ./man/en_US
```
★↑差し替えソースファイルとmanページのコピー(上書き)方法

```
%patch20 -p1 -b .interfaces
```
★↑パッチファイル(ether-wake-interfaces.patch)の適用方法

```
touch ./config.h

%build
# Sparc and s390 arches need to use -fPIE
%ifarch sparcv9 sparc64 s390 s390x
export CFLAGS="${RPM_OPT_FLAGS} -fPIE"
%else
export CFLAGS="${RPM_OPT_FLAGS} -fpie"
%endif
# RHBZ #853193
export LDFLAGS="${RPM_LD_FLAGS} -pie -Wl,-z,now"

make
```

47

第2章 「ソース・コード」読解のコツ

```
make ether-wake
gcc ${RPM_OPT_FLAGS} -o mii-diag mii-diag.c

%install
mv man/de_DE man/de
mv man/fr_FR man/fr
mv man/pt_BR man/pt

make BASEDIR=%{buildroot} BINDIR=%{_bindir} SBINDIR=%{_sbindir} install

# ifconfig and route are installed into /usr/bin by default
# mv them back to /usr/sbin (#1045445)
mv %{buildroot}%{_bindir}/ifconfig %{buildroot}%{_sbindir}
mv %{buildroot}%{_bindir}/route %{buildroot}%{_sbindir}

install -p -m 755 ether-wake %{buildroot}%{_sbindir}
install -p -m 755 mii-diag %{buildroot}%{_sbindir}

rm %{buildroot}%{_sbindir}/rarp
#rm %{buildroot}%{_mandir}/man8/rarp.8*
#rm %{buildroot}%{_mandir}/de/man8/rarp.8*
#rm %{buildroot}%{_mandir}/fr/man8/rarp.8*
#rm %{buildroot}%{_mandir}/pt/man8/rarp.8*

rm -rf %{buildroot}%{_mandir}/de/man1
rm -rf %{buildroot}%{_mandir}/fr/man1
rm -rf %{buildroot}%{_mandir}/man1
rm -rf %{buildroot}%{_mandir}/pt/man1
#it's empty for this snapshot (Wed 30 2016)
rm -rf %{buildroot}%{_mandir}/pt/man5

# install systemd unit file
install -D -p -m 644 %{SOURCE9} %{buildroot}%{_unitdir}/arp-ethers.service
```
★↑プログラムのインストール時にコピーするファイル(arp-ethers.service)

```
%find_lang %{name} --all-name --with-man

%post
%systemd_post arp-ethers.service

%files -f %{name}.lang
%license COPYING
%{_bindir}/netstat
%{_sbindir}/ifconfig
%{_sbindir}/route
%{_sbindir}/arp
%{_sbindir}/ether-wake
%{_sbindir}/ipmaddr
%{_sbindir}/iptunnel
%{_sbindir}/mii-diag
%{_sbindir}/mii-tool
%{_sbindir}/nameif
%{_sbindir}/plipconfig
%{_sbindir}/slattach
%{_mandir}/man[58]/*

%attr(0644,root,root)   %{_unitdir}/arp-ethers.service

%changelog
         :
         :
```

■「パッチ」の適用方法

「SRPM ファイル」から「オリジナル・ソースコード」と「パッチ」が取り出せましたが、「パッチ」を適用しないと、最終的な「ソース・コード」は手に入りません。

「パッチ」の適用は、オリジナルの「ソース・コード」に対して「patch コマンド」を使うのですが、各種「パッチ・ファイル」を「適用する順番」が重要であり、「スペック・ファイル」を見れば順番が分かります。

*

以下に「スペック・ファイル」から該当箇所を抜粋します。

[net-tools.spec]

```
%patch1 -p1 -b .cycle
%patch2 -p1 -b .man
cp %SOURCE1 ./config.h
cp %SOURCE2 ./config.make
cp %SOURCE3 .
cp %SOURCE4 ./man/en_US
cp %SOURCE5 .
cp %SOURCE6 ./man/en_US
cp %SOURCE7 ./man/en_US
cp %SOURCE8 ./man/en_US
%patch20 -p1 -b .interfaces
```

実際にパッチを適用するコマンド列としては、下記の通りとなります。

"source" ディレクトリ配下に「オリジナル・ソースコード」(tarball) を展開して、当該ディレクトリに対してパッチを当てていきます。

順番を間違えると、途中でパッチ適用が失敗するので、その場合は最初からやり直しが必要です。

[実行結果]

```
# mkdir source
# tar xf net-tools-2.0.20160329git.tar.xz -C source
# cd source

# patch -p1 -b --suffix .cycle --fuzz=0 < ../net-tools-cycle.patch
# patch -p1 -b --suffix .man --fuzz=0 < ../net-tools-man.patch
# cp ../net-tools-config.h ./config.h
# cp ../net-tools-config.make ./config.make
# cp ../ether-wake.c .
# cp ../ether-wake.8 ./man/en_US
# cp ../mii-diag.c .
# cp ../mii-diag.8 ./man/en_US
# cp ../iptunnel.8 ./man/en_US
# cp ../ipmaddr.8 ./man/en_US

# patch -p1 -b --suffix .interfaces --fuzz=0 < ../ether-wake-interfaces.patch
```

第2章 「ソース・コード」読解のコツ

　「手動」でパッチを当てていくのが面倒である場合は、"rpmbuild"コマンドを使って、「一括適用」するという方法もあります。

　ただし、「当該コマンド」はデフォルトでは入っていないので、「追加インストール」する必要があります。

　「rpmbuild -bp スペックファイル」でコマンド実行すると、パッチ適用された「ソース・コード」が "rpmbuild/BUILD/net-tools-2.0" ディレクトリ配下に格納されます。

[実行結果]

```
# cd rpmbuild/
# ls *
SOURCES:
arp-ethers.service          mii-diag.c
ether-wake-interfaces.patch net-tools-2.0.20160329git.tar.xz
ether-wake.8                net-tools-config.h
ether-wake.c                net-tools-config.make
ipmaddr.8                   net-tools-cycle.patch
iptunnel.8                  net-tools-man.patch
mii-diag.8

SPECS:
net-tools.spec

# rpmbuild -bp SPECS/net-tools.spec
bash: rpmbuild: コマンドが見つかりませんでした...
コマンド rpmbuild' を提供するためにパッケージ 'rpm-build' をインストールしますか? [N/y]

# yum install rpm-build

# rpmbuild -bp SPECS/net-tools.spec
エラー: ビルド依存性の失敗:
        bluez-libs-devel は net-tools-2.0-0.37.20160329git.fc24.x86_64 に必要とされています
        libselinux-devel は net-tools-2.0-0.37.20160329git.fc24.x86_64 に必要とされています

# yum install bluez-libs-devel
# yum install libselinux-devel

# rpmbuild -bp SPECS/net-tools.spec

# ls *
BUILD:
net-tools-2.0

BUILDROOT:

RPMS:

SOURCES:
arp-ethers.service          mii-diag.c
ether-wake-interfaces.patch net-tools-2.0.20160329git.tar.xz
ether-wake.8                net-tools-config.h
ether-wake.c                net-tools-config.make
ipmaddr.8                   net-tools-cycle.patch
```

[2.1]「ソース・コード」の入手方法

```
iptunnel.8                          net-tools-man.patch
mii-diag.8

SPECS:
net-tools.spec

SRPMS:

# cd BUILD
# cd net-tools-2.0
# ls
ABOUT-NLS               arp.c                   include             netstat.c
COPYING                 config.h                intl.h              netstat.c.cycle
INSTALLING              config.in               ipmaddr.c           plipconfig.c
Makefile                config.make             iptunnel.c          po
Makefile.interfaces     configure.sh            lib                 rarp.c
README                  ether-wake.c            man                 route.c
RPM                     ether-wake.c.interfaces mii-diag.c          slattach.c
THANKS                  hostname.c              mii-tool.c          statistics.c
TODO                    ifconfig.c              nameif.c            statistics.c.cycle
```

■「ソース・コード」配布の流れ

「net-toolsパッケージ」における「ソース・コード」配布の流れは、下図のとおりです。

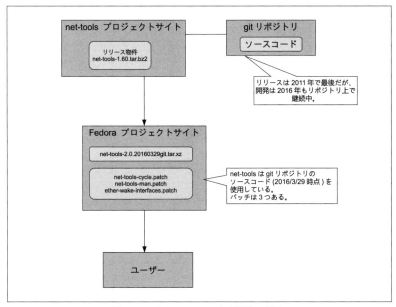

図2.2　「ソース・コード」配布の流れ

2.2 「ソース・コード」の参照方法

本節では、「ソース・コード」の参照方法を説明します。

■ テキスト・エディタ

「ソース・コード」を記述しているファイルは「テキスト」なので、中身を確認するには、「テキスト・エディタ」でファイルを開く必要があります。

とりあえず、「ソース・コード」を見てみるという目的であれば、「テキスト・エディタ」はなんでもいいですが、じっくりと時間をかけて実装を調べる場合は、プログラミング向けのエディタを使ったほうが効率がいいです。

*

「Linux」や「Cygwin」といった UNIX 環境では、「テキスト・エディタ」と言えば、「vi」と「emacs」です。

「vi」も「emacs」もキー操作が難解で、玄人向けです。
初心者でも扱えるエディタ (nano) も存在しますが、「vi」と「emacs」が定番となっています。
vi も emacs もプログラミング向けの機能も豊富で、開発用としても申し分ありません。ただ初心者向きではないため、習得するには、ある程度の訓練が必要です。
タッチタイプと同様で、一度覚えてしまえば、問題ないのですが、しばらく使っていないと使い方を忘れてしまうので、定期的な使用が必要です。
筆者は、当初は「emacs」使いでしたが、その後「vi」に移行した後、「vi」の期間が長すぎたため、「emacs」が使えなくなりました。

*

このように言うと、「Linux」は「ソース・コード」を見るだけでも勉強が必要で大変、と感じるかもしれません。

「Linux」の「エディタ」が苦手な方は、「Linux」上に置いた「ソース・コード」を「ファイル・サーバ」(Samba) 経由で、「Windows」上で参照するという手段がお勧めです。
Windows であれば、多種多様なエディタが存在するので、自分に合った製品を選ぶことができます。

他の手段としては、「ソース・コード」を「Cygwin」上で展開して、「Windows」上で参照する、というのもあります。

Windows 用の「テキスト・エディタ」で、プログラミング向きの製品は多数存在するので、そのすべての中からベストな製品を紹介することは難しいのですが、筆者がお勧めだと判断している製品について、以下に示します。なお、Windows 標準の「メモ帳」や「ワードパッド」は、ちょっとした文書作成には向いています

・**テキスト・エディタ**
「テキスト・ファイル」(人が読める文字が書かれたもの) を作成および編集するためには、「テキスト・エディタ」(text editor) というソフトが必要。
テキストファイルの種類に応じて、「テキスト・エディタ」を使い分けると作業効率が向上する。
プログラミングを行なうには、プログラミング向けの「テキスト・エディタ」を使うのがよい。
「Microsoft Windows」では多種多様な「テキスト・エディタ」が存在するが、Linux では「vi」と「emacs」の二択であるため、いずれかのソフトを使えるようになる必要がある。

・**Samba**
「Linux」などの UNIX 系 OS のファイルサーバを、「Microsoft Windows」のエクスプローラからアクセスできるようにするソフト。
開発は 1992 年からで歴史が古く、「Windows NT 4.0」時代からリリースされている。
Linux 上のファイルを編集するために、コマンドラインから「vi」や「emacs」を使うのが苦手な人には、「Samba」は救世主となる存在。

[2.2]「ソース・コード」の参照方法

が、プログラミングには不向きなので使わないほうがよいです。

• サクラエディタ

```
http://sakura-editor.sourceforge.net/
```

「フリー・ソフト」(オープンソース・ソフト)で、無償で利用できます。
「ソース・コード」を「構文カラー表示」できる、「タグ・ジャンプ」できるなどプログラミング向けの機能が豊富で、開発にも向いています。
執筆時点では、「バージョン 2.3.1.0」(2016/8/14) が最新版です。

• Notepad++

```
https://notepad-plus-plus.org/
```

「フリー・ソフト」(オープンソース・ソフト)で、無償で利用できます。
プログラミング向けの機能が豊富で、開発にも向いています。
執筆時点では、「バージョン 6.9.2」(2016/3/18) が最新版です。
海外で開発されていますが、「日本語」(Shift_JIS, UTF-8) にも対応しています。

このエディタは「多言語対応」が豊富であることも特徴のひとつです。

> ※ アラビア語、バルト語、ケルト語、キリル語、中央ヨーロッパ語圏、中国語、東ヨーロッパ語圏、ギリシャ語、ヘブライ語、日本語、韓国語、北ヨーロッパ語圏、タイ語、トルコ語、西ヨーロッパ語圏、ベトナム語。

■ 検索の仕方

通常、プログラムの「ソース・コード」は複数のファイルに分けて記述しているのが一般的です。

「ソース・コード」を見ていく中で、「ソース・ファイル」の中から、特定のキーワードで探したい場合がしばしばあります。以下に例を示します。

- 「マクロ定義」(#define) を使っている箇所を洗い出したい。
- 「グローバル変数」がどこで使われているかを確認したい。
- 「関数を呼び出している箇所」を特定したい。

「ソース・コード」の規模が小さい (1000 行未満) 場合は、頭に中にだいたい覚えておけるので、検索機能を使うことはありません。
しかし、規模が大きくなってくると、すべてを頭の中に入れておくことはできなくなります。人間が一度に覚えておける量には限りがあるからです。
そこで、「検索機能」を使って、知りたい情報を探し出す必要が出てきます。

• 規模

1 つのソフトのソースコードが合計で何行あるかということ。

ソフトの開発費を見積もる場合、プログラムの規模を基準として工数を算出することが多い。

たとえば、1000 行で 3 人月など。このとき、規模にはコメントや空白行などは含めないことがある。

「CLOC」(Count Lines of Code) というツールを使うと、実質的な行数を計上することができる。

「ソース・コード」読解のコツ

● Linux/Cygwinの場合

「Linux」や「Cygwin」といった「コマンドライン環境」では、どのようにして検索すればいいのでしょうか。

＊

方法としてはいくつかありますが、「grep コマンド」を使うのがシンプルです。

- 「カレント・ディレクトリ」配下で、「*.c」ファイルを対象として、"PATTERN"というキーワードで探します。

 "-n"は検索で見つかった行番号をあわせて表示するというオプションです。

```
# grep -n PATTERN *.c
```

- 「サブ・ディレクトリ」も含めて「*.h」ファイルを対象として、"PATTERN"というキーワードで探します。

 "-r"は「再帰検索」を行なうというオプションです。
 オプションが複数ある場合は、まとめて併記することもできます。

```
# grep -n -r PATTERN --include="*.h"
        or
# grep -nr PATTERN --include="*.h"
```

- 「サブ・ディレクトリ」も含めて、すべてのファイルを対象として、"PATTERN"というキーワードで探します。

 "-I"は「『バイナリ・ファイル』は対象から除く」というオプションです。
 厳密には、検索対象は「『バイナリ・ファイル』を除くすべてのファイル」となります。

```
# grep -n -r -I PATTERN
      or
# grep -nrI PATTERN
```

＊

以下に実行例を示します。
たいてい検索結果が端末の一画面に収まらないので、"less"でパイプしておくと、「ページ送り」(「ページ戻り」も可能)ができるので便利です。

・パイプ

Linuxでは、複数のコマンドを「|」と指定することで、並列実行できる。
この仕組みを「パイプ」(pipe)と呼ぶ。それぞれのコマンドの「出力」と「入力」を「パイプ」(土管)でつなぐイメージ。

[実行結果]

```
# grep -n packets *.c | less
ether-wake.c:234:                    /* Magic packets still work if our source ad
dress is bogus, but
iptunnel.c:449:          printf(_(" Drop packets out of sequence.\n"));

#  grep -n -r packets --include="*.h" | less
include/interface.h:2:    unsigned long long rx_packets;          /* total packets rec
eived          */
```

[2.2]「ソース・コード」の参照方法

```
include/interface.h:3:     unsigned long long tx_packets;        /* total packets tra
nsmitted     */

# grep -nrI PDF
# grep -nr PDF
Binary file hyperv_network_figure.pdf matches
```

＊

別の手段として、「find コマンド」と組み合わせるやり方もあります。

- 「サブ・ディレクトリ」も含めて「*.h」というファイルを対象に、"PATTERN"というキーワードで探します。

```
# find . -name "*.h" | xargs grep -n PATTERN | less
```

[実行結果]

```
# find . -name "*.h" | xargs grep -n packets  | less
./include/interface.h:2:    unsigned long long rx_packets;       /* total packets rec
eived        */
./include/interface.h:3:    unsigned long long tx_packets;       /* total packets tra
nsmitted     */
```

● Windows の場合

「コマンドライン」から検索する場合、「コマンドプロンプト」(cmd.exe) からの操作であれば、"findstr" コマンドを使います。

"find" コマンドもあるのですが、サブディレクトリ配下を検索できないという欠点があるので、"findstr" コマンドを使うほうがいいです。

- 「カレント・ディレクトリ」配下で「*.c」ファイルを対象として、"PATTERN"というキーワードで探します。

```
c:¥>findstr /N PATTERN *.c
```

- 「サブ・ディレクトリ」も含めて「*.h」ファイルを対象として、"PATTERN"というキーワードで探します。

```
c:¥>findstr /N /S PATTERN *.h
```

以下に実行例を示します。

たいていは、検索結果が端末の一画面に収まらないので、"more" をパイプしておくと、ページ送りができるので便利です。

「コマンドプロンプト」は、Windows 10 であれば、[Windows] ボタン（スタートボタン）を右クリックすると呼び出すことができます。

エクスプローラの「ファイル」メニューから「コマンドプロンプトを開く」でも呼び出すことができます。

- **PowerShell**

  Windows 10 ではシェルとして、コマンドプロンプトと PowerShell の両方がサポートされてきたが、将来的にはデフォルトシェルが PowerShell のみとなる可能性が出てきている。
  Windows 10 のリリース情報を確認しておく必要がある。

第2章 「ソース・コード」読解のコツ

[実行結果]

```
D:\Linux\nettools\source>findstr /N "packets" *.c | more
ether-wake.c:234:                         /* Magic packets still work if our source
address is bogus, but
iptunnel.c:449:             printf(_("  Drop packets out of sequence.\n"));
iptunnel.c:453:             printf(_("  Sequence packets on output.\n"));

:\Linux\nettools\source>findstr /N /S "packets" *.h |more
include\interface.h:2:      unsigned long long rx_packets;          /* total packets
received        */
include\interface.h:3:      unsigned long long tx_packets;          /* total packets
transmitted     */
```

「PowerShell」でも、ファイル検索ができます。

- 「カレント・ディレクトリ」配下で「*.c」ファイルを対象として、"PATTERN" というキーワードで探します。

```
PS c:\>select-string -pattern PATTERN -path *.c
```

- 「サブ・ディレクトリ」も含めて「*.h」ファイルを対象として、"PATTERN" というキーワードで探します。

```
PS c:\>Get-ChildItem -path . -Recurse -Include *.h | Select-String -Pattern PATTERN
```

以下に実行例を示します。
たいていは、検索結果が端末の一画面に収まらないので、"more" をパイプしておくと、ページ送りができるので便利です。

また、「PowerShell」では、「コマンド名」だけでなく、「オプション名」(ハイフンで始まる文字列)も補完対象なので、「コマンドライン」から打ち込み中に「TABキー」を押せば、「コマンド名」や「オプション名」を自動で補完してくれるので、操作が楽です。

「PowerShell」は、Windows 10 であれば、[Windows] ボタン(スタートボタン)をクリックして、「Windows PowerShell」というメニューから呼び出すことができます。

※「エクスプローラ」の「ファイル」メニューから「Windows PowerShell を開く」でも、呼び出すことができます。

- **TAB キー**
キーボードの左小指付近に刻印されているキー。「テキスト・エディタ」上で「TAB」キーを押すと、4つまたは8つの空白が生成されるため、インデントに使われる。
コマンドライン上ではキーワード補完機能として使われる。
入力中の文字列から、該当する文字列の候補を自動でリストアップしてくれるため、操作効率が上がる。

[実行結果]

```
PS D:\Linux\nettools\source> select-string -pattern "packets" -path *.c | more

ether-wake.c:234:                         /* Magic packets still work if our source
```

[2.2]「ソース・コード」の参照方法

```
address is bogus, but
iptunnel.c:449:            printf(_("   Drop packets out of sequence.\n"));
iptunnel.c:453:            printf(_("   Sequence packets on output.\n"));

PS D:\Linux\nettools\source> Get-ChildItem -path . -Recurse -Include *.h | Select-
String "packets" |more

include\interface.h:2:     unsigned long long rx_packets;        /* total packets
received          */
include\interface.h:3:     unsigned long long tx_packets;        /* total packets
transmitted       */
```

以上、「コマンドライン」から検索する方法を紹介しましたが、せっかくWindowsを使っているのですから、「GUI」を使って検索する方法も紹介しておきます。

*

Windowsには「エクスプローラ」の機能として、「全文検索」を行なう仕組みがあります。

「エクスプローラ」の右上にある「検索ボックス」のことです。

しかし、この機能は、「あらかじめインデックスを作っておかないといけない」「うまく検索できないことがある」といったところで、少しクセのある検索機能です。筆者はあまり使いません。

・サクラエディタ

「サクラエディタ」には標準で「GREP機能」が搭載されており、使い勝手もいいです。

何らかの「ソース・ファイル」を1つ開いた状態で、「検索」メニューから「Grep」を呼び出します。

「CTRL+G」を押しても呼び出せます。

すると、下図の「検索設定画面」になります。

「条件」に「検索キーワード」、「ファイル」に「ファイル名の拡張子」、「フォルダ」に「検索フォルダ」を指定します。

左列から下に並んでいる「チェックボックス」は、「検索条件」を設定することができます。

・**GREP**

「GREP」(globally search a regular expression and print)は「テキスト・ファイル」からキーワード検索ができるツールで、正規表現が利用できる。

開発時には必ず検索を行なうため、開発者には必須のソフト。「グレップ」と読む。

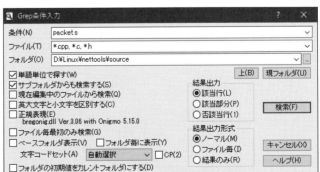

図2.3 検索設定画面

「ソース・コード」読解のコツ

「検索」ボタンを押すと、「検索結果」が「別ウィンドウ」で表示されます（下図参照）。

検索にヒットした箇所は、「ソース・ファイル」と「行番号」「列番号」とともに出力されます。

「出力行」を「マウス」で「ダブル・クリック」すると、該当する箇所に飛び、「別ウィンドウ」で表示してくれるので、とても便利です。

「コマンドライン検索」では、「検索結果」から一発で該当する箇所を開くことができないのですが、「GUIによる検索」ではそれができるのが、GUIの強みです。

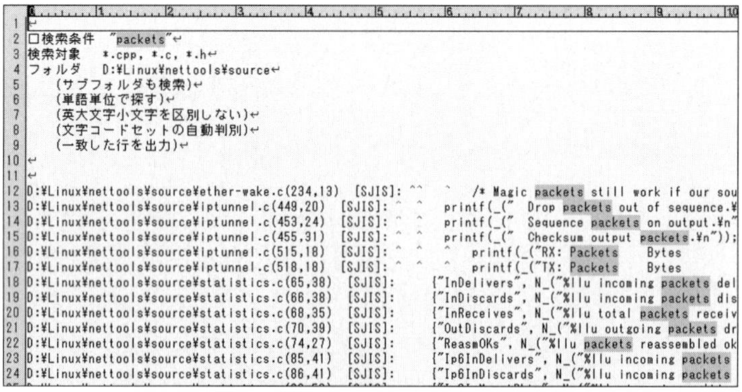

図2.4　「検索結果」が「別ウィンドウ」で表示される

● Notepad++

「サクラエディタ」と同様に、「Notepad++」には、標準で「GREP機能」が搭載されています。

「検索」メニューから「ファイル内検索」を呼び出します。

　※「CTRL＋SHIFT＋F」を押しても、呼び出せます。

すると、下図の「検索設定画面」になります。

「条件文字列」に「検索キーワード」、「フィルタ」に「ファイル名の拡張子」、「ディレクトリ」に「検索フォルダ」を指定します。

「チェックボックス」群には、「検索条件」を設定できます。

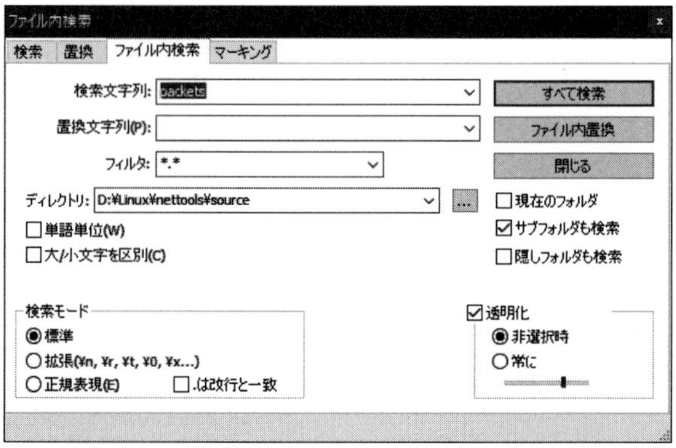

図2.5　検索設定画面

[2.2]「ソース・コード」の参照方法

「すべて検索」ボタンを押すと、「ファイル検索」が実施されます。

「検索結果」は、「下位ウィンドウ」で追加表示されます。

＊

「検索にヒットした箇所」は、「ソース・ファイル」と「行番号」とともに出力されます。

「出力行」を「マウス」で「ダブル・クリック」すると、「該当する箇所」に飛び、「別ウィンドウ」で表示してくれます。

図2.6 「検索にヒットした箇所」は、「ソース・ファイル」「行番号」とともに出力される

■ タグ・ジャンプ

「ソース・コード」を参照する上で、「タグ・ジャンプ」という機能は使えるようにしておきたいところです。

「タグ・ジャンプ」というのは、「ソース・コード」上にある「キーワード」から、その「キーワード」が定義されている箇所に、一発で移動できる仕組みのことです。

「キーワード」は、C言語で言えば、「マクロ定義」や「グローバル変数」「関数名」などを指します。

「タグ・ジャンプ機能」は、「テキスト・エディタ」が保有する仕組みであり、C言語以外のプログラミング言語にも対応しています。

キーワードが定義されている箇所をいちいち「GREP」で検索する必要がないので、作業効率が向上します。

＊

以下に、「エディタ」ごとに「タグ・ジャンプ」の使い方を説明します。

・サクラエディタ

「タグ・ジャンプ機能」を利用するには、「タグ・ファイル」というファイルを作る必要があるのですが、「サクラエディタ」単体では作れないため、別途「ctags.exe」というプログラムを導入する必要があります。

・**タグ・ジャンプ**
「ソース・コード」を編集しているとき、関数や変数、マクロの定義箇所にコマンド一発で移動すること。
タグジャンプ機能がない場合は、GREPで検索する必要があり、いちいち検索するよりも、タグジャンプのほうが作業効率がよい。

「ctags.exe」というプログラムは何種類か存在するのですが、「exuberant ctags 日本語対応版」が日本語にも対応しており、お勧めです。

【「exuberant ctags」日本語対応版】

http://hp.vector.co.jp/authors/VA025040/ctags/

「ctags.exe」を入手したら、「サクラエディタ」の「インストール・ディレクトリ」（「sakura.exe」がある場所）に格納しておきます。

図2.7　「ctags.exe」を「インストール・ディレクトリ」に格納

次に、「タグ・ジャンプ」の対象としたい任意の「ソース・ファイル」を「サクラエディタ」で開きます。

その状態で、「検索」メニューから「タグファイルの作成…」を選択します。

すると、「タグファイルの作成」というダイアログが表示されるので、(a)「タグ作成フォルダ」が「ソース・ファイル」が格納されている「ルート・ディレクトリ」になっていること、(b)「サブフォルダも対象にする」にチェックが入っていることを、確認します。

問題なければ、「作成」ボタンを押すと、"tags"というファイルが「ソースファイルが格納されているルートディレクトリ」直下に作られます。

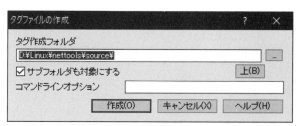

図2.8　「タグファイルの作成…」画面

以上で準備が整ったので、「タグ・ジャンプ機能」が使用可能となっていること

[2.2]「ソース・コード」の参照方法

を確認します。

適当な「キーワード」の上にカーソルを移動させます。
下図では、「safe_strncpy()」という関数の上にカーソルが乗っています。

```
 75      }
 76      if (!strcmp(*args, "netmask")) {
 77          if (*++args == NULL)
 78              usage();
 79          if (strcmp(*args, "255.255.255.255") != 0) {
 80              safe_strncpy(host, *args, (sizeof host));
 81          if (ap->input(0, host, &ss) < 0) {
 82              ap->herror(host);
 83              return (-1);
 84          }
 85          memcpy((char *) &req.arp_netmask, (char *) sa,
 86                  sizeof(struct sockaddr));
```
図 2.9 「safe_strncpy()」関数の上にカーソルを乗せる

この状態から、「F12」を押すか、「右クリックメニュー」から「タグジャンプ」を選ぶと、その関数が定義されている箇所に飛びます。

```
 56  {
 57      return sysconf(_SC_CLK_TCK);
 58  }
 59
 60  /* Like strncpy but make sure the resulting string is
 61  char *safe_strncpy(char *dst, const char *src, size_t
 62  {
 63      dst[size-1] = '\0';
 64      return strncpy(dst,src,size-1);
 65  }
     [EOF]
```
図 2.10 「F12」を押すと、「関数が定義されている箇所」に飛ぶ

飛んだ先から元に戻るには、(a)「SHIFT + F12」を押すか、(b) 右クリックメニューから「タグジャンプバック」を選ぶと、「呼び出し元」に戻ることができます。

このように、「ワンキー操作」で「関数」や「変数」が定義されている箇所へ移動できるため、いちいちキーワードを「GREP」するよりも検索効率がよくなります。

> ※ なお、うまく「タグ・ジャンプ」ができない場合は、「タグ・ファイル」が正しく作られていないか、「ctags.exe」がそのキーワードに対応していない可能性があります。

「タグ・ジャンプ」のキー操作

キー操作	説明
F12	「タグ・ジャンプ」する
SHIFT + F12	「タグジャンプ・バック」する

第2章 「ソース・コード」読解のコツ

・**プラグイン**

アプリケーションに後から機能追加を行なう場合、通常はソースコードを修正する必要があるが、ソースコードの修正を行なわずに、別に作成した「バイナリ・プログラム」をアプリケーションに同梱させることで、機能の追加を行なう仕組み。

プラグインはDLL(Dynamic Link Library)形式で提供されることが多い。

・**Notepad++**

「タグ・ジャンプ機能」を利用するには、「タグ・ファイル」というファイルを作る必要があります。しかし、「Notepad++」単体では作れないため、別途プラグインを導入する必要があります。

「Notepad++」用のプラグインは複数存在するのですが、ここでは「OpenCTags」を紹介します。

【OpenCTags】

http://openctags.sourceforge.net/

上記サイトから「OpenCTagsForNpp-1.2.2-binW32.zip」という「圧縮ファイル」をダウンロードして、展開すると、「ctags.exe」と「OpenCTagsForNpp.dll」という2つのファイルを得ます。

そこで、「Notepad++」がインストールされているディレクトリ配下に、「plugins」という「サブ・ディレクトリ」があるので、その中に2つのファイルをコピーします。

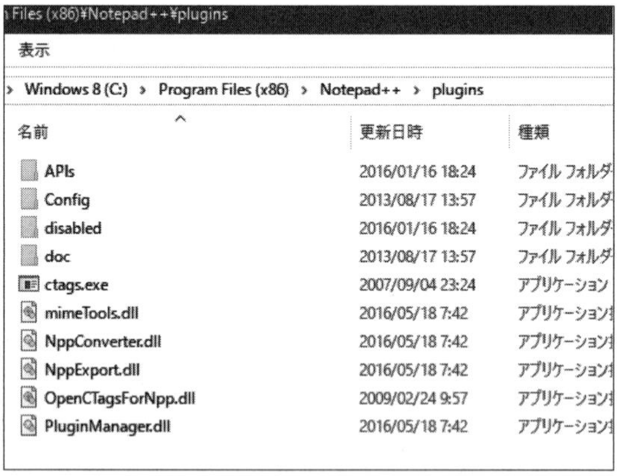

図2.11 「ctags.exe」と「OpenCTagsForNpp.dll」を「インストール・ディレクトリ」に格納

「Notepad++」を起動すると、「プラグイン」メニューに「OpenCTags」という項目が出ていることを確認します。

この項目が表示されていない場合は、プラグインが正しく導入できていません。

「タグ・ジャンプ」に関する操作方法は下記の通りです。

「タグ・ジャンプ」のキー操作

キー操作	説明
Alt+スペース	「タグ・ジャンプ」する
Alt+N	過去の履歴を先へたどる
Alt+P	過去の履歴を後に戻る
Alt+C	「タグ・ファイル」を作成および更新する

[2.2]「ソース・コード」の参照方法

「タグ・ジャンプ」の使い方は、「サクラエディタ」と同じです。
*
最初に「タグ・ファイル」を作る必要があるので、(a)「Notepad++」のメニューから選択するか(プラグイン - OpenCTags - CTags)、(b)「Alt+C」を押して、「タグ・ファイル」を作ります。

「タグ・ジャンプ」したいキーワードにカーソルを合わせて、「Alt+ スペース」キーを押すと、キーワードが定義されている候補がダイアログで表示されます。
この状態から続けて「スペース」キーを押すと、キーワードが定義されている箇所にジャンプします。

ジャンプ元に戻りたい場合は、「Alt+P」を押します。
"P" は「previous」の頭文字と覚えておけばよいです。

一度「タグ・ジャンプ」した場合、「Notepad++」に記憶されるので、「Alt+N」でジャンプ先に移動することもできます。
"N" は「next」の頭文字です。

- **vim**

「vi」(visual editor)というエディタには派生版が多数存在しますが、その中でも「vim」(vi improved)は特段に人気があり、「Linux」や「Cygwin」にはデフォルトで導入されているほどです。
「vim」は「UNIX版」だけではなく、「Windows版」も存在し、愛用者の多いエディタとなっています。
「vim」に関しても当然のことながら、「タグ・ジャンプ機能」を利用できます。
*
「vim」においても「タグ・ジャンプ機能」を利用するために、「タグ・ファイル」を作る必要があります。
「タグ・ファイル」は「ctags」コマンドで作ります。
このコマンドはデフォルトで導入されていることが一般的ですが、事前にコマンドの種類の確認をしておきます。
コマンドライン・オプションに「--help」を付けて、コマンドを実行します。

「Fedora」の場合、「Exuberant Ctags」という種類で "ctags" パッケージに含まれています。

[実行結果]

```
# ctags --help | less
Exuberant Ctags 5.8, Copyright (C) 1996-2009 Darren Hiebert
  Compiled: Feb  3 2016, 19:43:56
  Addresses: <dhiebert@users.sourceforge.net>, http://ctags.sourceforge.net
```

第2章 「ソース・コード」読解のコツ

```
  Optional compiled features: +wildcards, +regex

# rpm -qif `which ctags`
Name        : ctags
Version     : 5.8
Release     : 18.fc24
Architecture: x86_64
Install Date: 2016年08月11日 00時11分33秒
Group       : Development/Tools
Size        : 389940
License     : GPLv2+ and LGPLv2+ and Public Domain
Signature   : RSA/SHA256, 2016年02月07日 00時57分36秒, Key ID 73bde98381b46521
Source RPM  : ctags-5.8-18.fc24.src.rpm
```

「Cygwin」の場合、「Exuberant Ctags」という種類で "ctags" パッケージに含まれています。

[実行結果]

```
# ctags --help | less
Exuberant Ctags 5.8, Copyright (C) 1996-2009 Darren Hiebert
  Compiled: Dec 11 2009, 11:42:40
  Addresses: <dhiebert@users.sourceforge.net>, http://ctags.sourceforge.net
  Optional compiled features: +wildcards, +regex, +internal-sort

# cygcheck -f `which ctags`
ctags-5.8-1
```

「ctagsコマンド」が「Exuberant Ctags」ではない場合があります。
　その場合においても、「タグ・ファイル」は作れるのですが、「タグ・ジャンプ」できるキーワードが限定されることがあります。
　「ctagsコマンド」の中でも、「Exuberant Ctags」は対応言語数が多いため、人気があるソフトとなっています。
　もし、期待した通りに「タグ・ジャンプ」ができない場合は、「Exuberant Ctags」ではない「ctagsコマンド」である可能性もあるので、その場合は、種類を確認してみてください。

＊

　「タグ・ファイル」の作り方は、下記の通りです。
　参照したい「ソース・コード」の「親ディレクトリ」に移動してから実行すると、「tags」というファイルが作られます。
　ここでは「net-tools」パッケージの「ソース・コード」に対して、「タグ・ファイル」を作ります。

```
    # ctags -R .
```

[実行結果]

```
# cd ~/rpmbuild/BUILD/net-tools-2.0
# ctags -R .
# ll tags
-rw-rw-r--. 1 yutaka yutaka 85662  8月 24 21:44 tags
```

[2.2]「ソース・コード」の参照方法

以上で準備が整ったので、「タグ・ジャンプ機能」を利用できるようになっています。

「vi」コマンドで「-t」オプション（「t」は「Tag」の頭文字）を指定して起動すると、指定したキーワードに一発でジャンプできます。

```
# vi -t キーワード
```

たとえば、「main関数」にジャンプしたい場合は、キーワードに"main"と指定します。

すると、下図のように「arp.c」にある「main()」が開かれた状態になります。
「タグ・ジャンプ」が成功した、という意味でもあります。

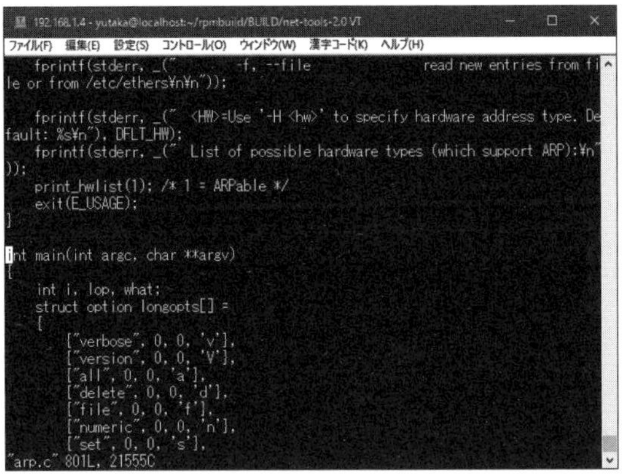

図2.12 「main関数」にジャンプした

この状態から「vi」の「コマンド・モード」で「:ts」と入力すると、他の「タグジャンプ候補」が表示されます。

つまり、「main関数」を所有する「ソース・ファイル」が複数存在する、ということであり、候補の番号を指定すると、指定した先にジャンプできます。

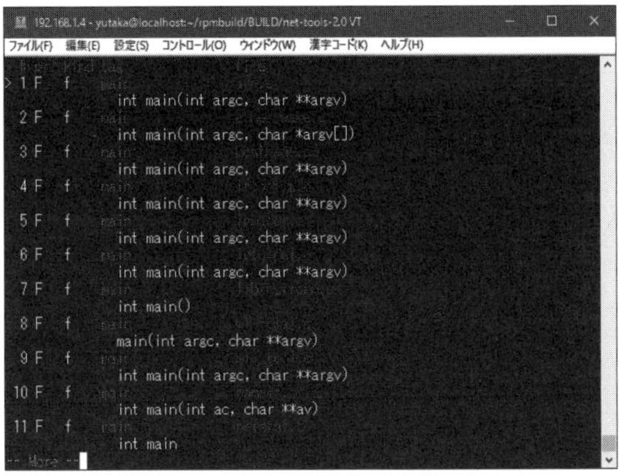

図2.13 他の「タグ・ジャンプ」候補が表示される

次に、「ソース・ファイル」を開いている状態で、「カーソル」が置いてある「キーワード」に「タグ・ジャンプ」する方法を説明します。

第2章 「ソース・コード」読解のコツ

下図は、「ifconfig.c」で「lookup_interface()」にカーソルがある状態を示しています。

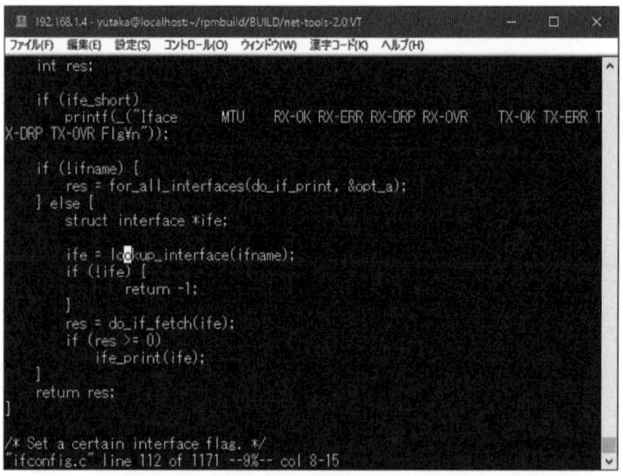

図2.14 「lookup_interface()」にカーソルがある

この状態で、「CTRL +]」を押します。

※「]」は、「む」という刻印のあるキーです。

すると、下図のように「lib/interface.c」にある関数の実体にジャンプします。

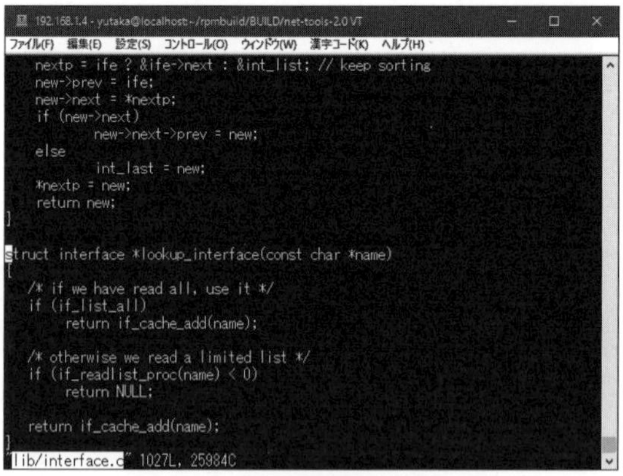

図2.15 関数の実体にジャンプ

この状態で、「CTRL + T」を押します。関数の呼び元に戻ることができます。

「タグ・ジャンプ」を何度も繰り返していて、自分がどこにいるか分からなくなったら、「vi」のコマンド・モードで「:ts」と入力して、「タグ・ジャンプ」の履歴を参照すればいいです。

「タグ・ジャンプ」のキー操作

キー操作	説明
CTRL +]	「タグ・ジャンプ」する
CTRL + T	「タグジャンプ・バック」する
CTRL + I	過去の履歴を先へたどる
CTRL + O	過去の履歴を後に戻る
:ts	履歴を表示する

2.3 「ソース・コード」読解の進め方

　前節までで、「基本的なツールの使い方」を説明したので、本節からは「ソース・コードの読み進め方」について考察していきます。
　本節では、「net-tools」パッケージの「ソース・コード」を題材として挙げます。

■ 心構え

　「オープンソース・ソフト」の「ソース・コード」を読み始める前に、注意事項があります。
　それは、「ソース・コード」のすべてを読もうとはしないことです。

　「オープンソース・ソフト」は、プログラムの規模として大小ありますが、いずれもそれなりの規模があります。
　たとえば、「net-tools」パッケージで見てみると、「*.c」ファイルだけで「18000行」もあります。
　「ソース・コード」の行数は、下記に示すように「wc」コマンドで計上することができます。

[実行結果]

```
# find . -name "*.c" | xargs wc -l
   801 ./arp.c
   440 ./ether-wake.c
        :
        :
   765 ./slattach.c
   608 ./statistics.c
 18753 total
```

　読解速度は人により異なりますが、「1000行」のコードを読解するには「1日以上」かかります。
　「18000行」であれば、およそ「20日」はかかる見積もりになります。
　プログラムの処理が複雑であれば、さらに数倍の時間がかかることになります。

＊

　他人の書いたプログラムを読む場合、そのすべてを読み込もうとすると、たいていは破綻してしまいます。
　仕事として読まなければならない場合は、時間に限りがあるため、現実問題として、すべての「ソース・コード」を読むことは不可能です。

　いずれにしても、「ソースコードの隅から隅まで読もうとしない」という心構えが重要です。

第2章 「ソース・コード」読解のコツ

■ ゴールを決める

「ソース・コード」を読むにあたって、そのプログラムの何を理解したいのか、目的を決めておく必要があります。

ただ漠然と読もうとすると、発散してしまい、途中でコードが追い切れなくなり、読むのが辛くなってくるからです。

また、「オープンソース・ソフト」によって差異はありますが、たいていの場合、「ソース・コード」の作りがお世辞にもキレイとは言えないので、気づかないうちにストレスも溜まってきます。

つまり、事前にゴールを決めておく、ということです。

*

業務で使っている「オープンソース・ソフト」があり、そのプログラムの動作が期待通りではなく、「オープン・ソース」なので、誰に問い合わせすればよいか分からず、やむなく自力で実装を調査しないといけない、といったケースがあります。

また、個人的な趣味で、自身のスキルアップのために、「ソースコード・リーディング」を行なうといったケースもあります。

こういったケースにおいて、明確なゴールを設定しておかないと、「ソース・コード」を延々と読むことになり、終わりが見えなくなります。

*

たとえば、「ifconfigコマンド」の実装を読むとした場合、「ifconfigコマンド」の出力結果のうち、「MACアドレスが表示される仕組みを知る」という目的を設定し、その目標に向かって「ソース・コード」を読み進めていきます。ただ漠然と実装のすべてを読むというのではなく、具体的なゴールを設定するのです。

*

以下に「Fedora」上で動作させたときの「ifconfig」コマンドの実行結果を載せています。

「ether 00:15:5d:03:0b:06」という部分が「ネットワーク・インターフェイス」の「MACアドレス」に該当します。

「ifconfigコマンド」はいったいどのようにして、「MACアドレス」を取得しているのか、その仕組みを理解するために、「ソース・コード」を読む、というふうにゴールを明確にします。

[実行結果]

```
# ifconfig eth0
eth0: flags=4163<UP,BROADCAST,RUNNING,MULTICAST>  mtu 1500
        inet 192.168.1.4  netmask 255.255.255.0  broadcast 192.168.1.255
        inet6 fe80::24bc:a00e:b64b:1317  prefixlen 64  scopeid 0x20<link>
        ether 00:15:5d:03:0b:06  txqueuelen 1000  (Ethernet)
        RX packets 164  bytes 28112 (27.4 KiB)
```

・**MACアドレス**

「MAC(Media Access Control)アドレス」は、ネットワーク通信を行なうために、必要となるアドレスのことで、48ビット(6バイト)の数字列。

「MACアドレス」は世界中でユニークに採番される必要があるとされているが、実際のところ、サブネット内でユニークであればよい。

そのため、「IPアドレス」のように枯渇することはない。

```
          RX errors 0  dropped 13  overruns 0  frame 0
          TX packets 123  bytes 19661 (19.2 KiB)
          TX errors 0  dropped 0 overruns 0  carrier 0  collisions 0
```

■ 余計なコードは読まない

「ソース・コード」を読むゴールを設定したら、「ソース・コード」を読み始めていくわけですが、目的に関係しなさそうなコードはあまり気にせず、読み飛ばすようにするのがコツです。

ただし、目的に関係するかしないかを判断するのは、最初は難しいです。

なぜならば、自分が作ったものではないプログラムの「ソース・コード」を読んでいるのですから、コードの断片が目的に関係するかどうかが分からないからです。こういった判断ができるようになるためには、ある程度の経験を積む必要があります。

本書では、実際の「オープンソース・ソフト」を題材として、「ソースコード・リーディング」を実践していきますので、読むべき箇所および読むべきではない箇所について、随時解説をしていきますので、コツを掴んでいただければ幸いです。

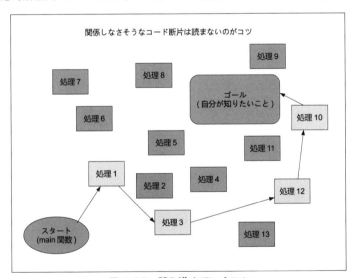

図2.16　読み進めていくコツ

■「バージョン」は合わせる

「ソース・コード」を読む際に、自分が読みたい「ソフト」の「バージョン」が適切かを確認しておく必要があります。

「オープンソース・ソフト」は、開発が活発である製品であるほど、実装の変化が激しく、バージョンが少し違っただけでも、かなり「ソース・コード」の作りが異なっていることがあります。

第2章 「ソース・コード」読解のコツ

　「ソース・コード」を読む際には、「正しいバージョン」のものを参照するようにしておくことが重要です。

＊

　プログラムの「バージョン」が分からないときは、「バージョン」を調べるしかないのですが、プログラムがコマンドの場合は、「コマンドライン・オプション」に「--version」や「-V」といった指定をすると、「バージョン表示」されることがあります。

　特に、「オープン・ソース」の文化として、「明文化された仕様」というものは存在しないのですが、「慣習的なルール」が根付いているため、こういったルールを覚えておくと、いろいろな場面で知識が役に立ちます。

　たとえば、「uname」コマンドの場合、下記のように「--version」オプションで、コマンドのバージョンが表示されました。
　「GNU Coreutils」の「バージョン8.25」であることが分かります。

【Coreutils - GNU core utilities サイト】

http://www.gnu.org/software/coreutils/coreutils.html

【Coreutils 8.25】

http://ftp.gnu.org/gnu/coreutils/coreutils-8.25.tar.xz

[実行結果]

```
# uname -V
uname: invalid option -- 'V'
Try 'uname --help' for more information.

# uname --version
uname (GNU coreutils) 8.25
Copyright (C) 2016 Free Software Foundation, Inc.
ライセンス GPLv3+: GNU GPL version 3 or later <http://gnu.org/licenses/gpl.html>.
This is free software: you are free to change and redistribute it.
There is NO WARRANTY, to the extent permitted by law.

作者 David MacKenzie。
```

　あと、少し強引なやり方ではありますが、「stringsコマンド」を使って、プログラムの「バイナリ」を直接覗くという方法もあります。
　「stringsコマンド」は、「バイナリ・データ」の中から「表示可能な文字列」を抽出する機能をもちます。
　そのため、プログラムの「バージョン情報」が「表示可能な文字列」として記録されていれば、「stringsコマンド」で「バージョン」を知ることができる可能性がある、ということです。

ただし、この方法は確実にバージョンが分かるわけではないので、その点は注意してください。

[実行結果]

```
# strings /usr/bin/uname |less
        :
        :
Full documentation at: <%s%s>
or available locally via: info '(coreutils) %s%s'
8.25
write error
%s: %s
        :
        :
```

■ 言語拡張機能

「C言語」で記述されたプログラムの場合、基本的に「ANSI C」の文法を押さえておけば、ある程度「ソース・コード」の文法は分かりますが、所々見慣れない文法が出てくることがあります。

たとえば、以下に例を示しますが、「Linuxカーネル」で定義されている「likelyという名前のマクロ」です。

このマクロでは、「__builtin_constant_p()」と「__branch_check__()」というコードが出てきます。

「後者」のコードは「マクロ定義」になっていて「実体」が見つかりますが、「前者」のコードは、「ソース・コード」のどこを探しても「実体」がありません。

[include/linux/compiler.h]

```
# ifndef likely
#   define likely(x)        (__builtin_constant_p(x) ? !!(x) : __branch_check__(x, 1))
# endif
```

正解を言いますと、「__builtin_constant_p()」というのは、「コンパイラ」(gcc)の「組み込み関数」であるため、「Linuxカーネル」の「ソース・コード」上には「実体」がないのです。

コンパイラは、「ANSI C」に「準拠」はしつつも、「独自に機能拡張」をすることで、「付加価値」を作ろうとしているため、「コンパイラ」の「独自機能」が「ソース・コード」で使われている場合があります。

「互換性」を重視しているプログラムでは、「コンパイラ」の「独自機能」は極力使わないようになっていますが、そうではないプログラムでは、積極的に使われています。

第2章 「ソース・コード」読解のコツ

「ソース・コード」を読んでいて、「ANSI C」には規定されていない処理が出てきた場合は、「コンパイラの独自機能」である可能性があるため、こういった「独自機能」の存在についても、知識として勉強しておく必要があります。

「コンパイラの独自機能」に関しては、「コンパイラのマニュアル」に記載があります。
「オープンソース・ソフト」でよく使われる「gcc」では、下記サイトから、無償でマニュアルをダウンロードできます。

【GCC online documentation】

```
https://gcc.gnu.org/onlinedocs/
```

「gcc 6.2」のマニュアルであれば、「独自機能」については**第6章**と**第7章**に記載されています。

マニュアルは、HTML形式でインターネット上で閲覧することもできますが、PDFファイルをダウンロードしておけば、インターネットに接続することなく、いつでも参照できて便利です。

「PDFファイル」を参照するためには、別途ソフトをインストールする必要がありますが、Adobe社の「Acrobat Reader」という製品(無償)が代表的です。

[6 Extensions to the C Language Family]
[7 Extensions to the C++ Language]

```
https://gcc.gnu.org/onlinedocs/gcc-6.2.0/gcc.pdf
```

なお、プログラムの「ソース・コード」を読む場合、その「ソース・コード」をビルドするのに使われるコンパイラのバージョンがいくつかが分かれば、事前に調べておいたほうがいいです。

プログラムでコンパイラのバージョン指定がない場合は、特にバージョンを気にする必要はないです。

参考までに、「Linuxカーネル」の場合は、「Linux」の「ブート・メッセージ」を見ることで、「Linuxカーネル」のビルドに使われた「コンパイラ」(gcc)の「バージョン」が分かります。
「Fedora24」の場合は「gcc 6.1.1」となります。

[実行結果]

```
# dmesg
[    0.000000] Linux version 4.5.5-300.fc24.x86_64 (mockbuild@bkernel01.phx2.fedoraproject.org) (gcc version 6.1.1 20160510 (Red Hat 6.1.1-2) (GCC) ) #1 SMP Thu May 19 13:05:32 UTC 2016
[    0.000000] Command line: BOOT_IMAGE=/vmlinuz-4.5.5-300.fc24.x86_64 root=/dev/mapper/fedora-root ro rd.lvm.lv=fedora/root rd.lvm.lv=fedora/swap rhgb quiet LANG=ja_JP.UTF-8
```

・**PDF**
「PDF」(Portable Document Format)はAdobe Systems社が開発した文書フォーマット。初版リリースは1993年で歴史が古い。
　PDFはすべてのプラットフォーム上で、まったく同じ表示を行なうことを目的としている。
　発表当時はPDFファイルのダウンロードや表示に時間がかかるので、普及していなかったが、インターネット回線が高速になった現在では、PDFは業界標準の地位を得た。
　パソコンだけではなく、スマホでもデフォルトで対応している。

・**ブート・メッセージ**
　Linuxを起動するとき、最初にLinuxカーネルが起動され、その後バックグラウンドデーモンが順次起動されていくが、この一連の起動において画面に出力されるメッセージのこと。

　昨今のLinuxディストリビューションでは、デフォルトでは「ブート・メッセージ」ではなく、「Microsoft Windows」のようにグラフィカルなアニメーションが描画されるようになっているが、このとき「ESC」キーを押すと、「ブート・メッセージ」を目視確認することができる。

■コメント

「ソース・コード」には、開発者が「コメント」を記述することができます。

「コメント」は、プログラムの処理を人間の言葉で表わしたものであり、「コメント」を読むことで、より理解が深まります。

「ソース・コード」の「コメント」を見つけた場合は、気にして「コメントの内容」を確認しておくといいです。

ただし、「オープンソース・ソフト」は英語圏で開発されている製品が多いので、「コメント」も英語で書かれています。

最近は「翻訳サイト」も充実しているので、英文が苦手だからといって「コメント」を読み飛ばすのではなく、「翻訳サイト」を活用していくのも手段のひとつです。

英語に苦手意識があるのであれば、これを機に英語に慣れていくようにすれば、英語のスキルも上がり、今後さまざまな局面で役に立ちます。

*

ところで、「コメント」の中に特定の「キーワード」が埋め込まれていることがあります。

以下に、「Linux カーネル」の「ソース・コード」から「コメント」を引用します。

[pipe_write()#fs/pipe.c]

```
/* Always wake up, even if the copy fails. Otherwise
 * we lock up (O_NONBLOCK-)readers that sleep due to
 * syscall merging.
 * FIXME! Is this really true?
 */
do_wakeup = 1;
copied = copy_page_from_iter(page, 0, PAGE_SIZE, from);
```

「FIXME」という「キーワード」がありますが、「アノテーション・コメント」と呼びます (annotation：注釈)。

この「キーワード」は、「該当箇所の実装にはバグがあるので修正する必要がある」という意味を示しており、「自分では直せないので、誰か直して」という意思表示でもあります。

国内における業務での開発では有り得ないですが、こういったところも「オープンソース・ソフト」の文化であるとも言えます。

*

以下に、代表的なアノテーションコメントのキーワード一覧を示します。

第2章 「ソース・コード」読解のコツ

代表的なアノテーションコメントのキーワード一覧

キーワード	意味
FIXME	バグがあるので誰か修正してください。
TODO	実装が不足しているので追加が必要です。
XXX	原因不明だが期待動作をしません。
TBD	仕様が確定していないので実装できていません。

■ 同名定義

「ソース・コード」には「関数」や「変数」「マクロ」などが定義されていますが、それらの「名前」が複数の「ソース・ファイル」で重複していることがあり、自分が見たい定義がどれなのか分からなくなることがあります。

特に「タグ・ジャンプ」するときは、「ソース・ファイル」が適切か常に確認することです。

「タグ・ジャンプ」すると、最初に見つかったキーワードに該当する箇所が表示されるので、「該当箇所」が「確かに見たいところ」なのかを確認しておく必要があります。

たとえば、「net-tools」パッケージで、「main()」を探すべく、「main」というキーワードで「タグ・ジャンプ」すると、「arp.c」にある「main 関数」が表示されます。
「ソース・ファイル」を確認するには、「vim」であれば「CTRL+G」と押すことで、「最下位行」に「ファイル名」と「行番号」が表示されます。

[実行結果]

```
# vi -t main
```

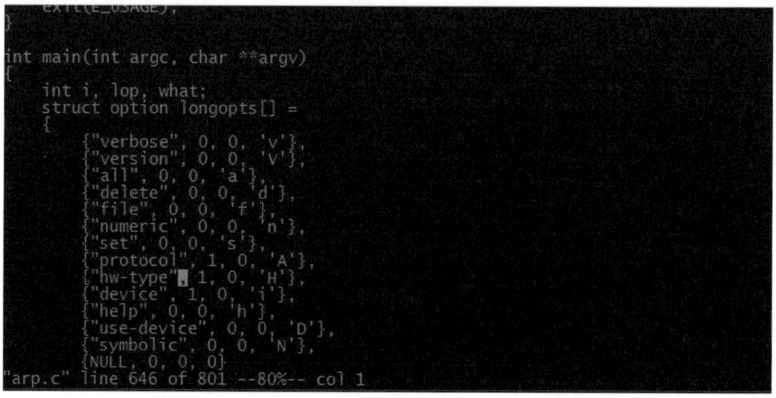

図 2.17 「タグ・ジャンプ」直後のエディタの状態

「net-tools」パッケージに関しては、「main()」が 15 箇所も存在します。
「タグ・ジャンプ」で飛んだ先が、必ずしも見たいと思っている箇所ではない

ことがあるので、間違ったコードを見ることのないようにすると、「ソースコード・リーディング」の「後戻り」がなくなり、「効率化」が図れます。

*

また、「関数」や「変数」などの「定義元」が複数あり、どれが正解なのかよく分からないこともあります。

たとえば、ある「関数」(sub)を呼び出している箇所があり、その「関数」の内容を見たいとした場合、探してみると、「関数の定義」が複数箇所(sub1.c, sub2.c)にあることがあります。

[main.c]

```
    :
  sub();
    :
```

[sub1.c]

```
void sub(void)
{
    :
}
```

[sub2.c]

```
void sub(void)
{
    :
}
```

「C言語」では、1つのプログラムにおいて、同じ名前をもつ「関数」を定義することはできないので、いずれか一つが正解であるのですが、「ソース・コード」を見ているだけでは判断が付かない場合もあります。

そうした場合、(a)「Makefile」を見て、どの「ソース・ファイル」がリンクされているかを確認するか、(b)それでも分からない場合は、関数の定義と思われる箇所の「関数名」を意図的に変えてみて、「ビルド・エラー」になるか探していく、というアドホックなやり方もあります。

第2章 「ソース・コード」読解のコツ

2.4 「ソース・コード」を読みやすくする

本節では、他人の書いた読みづらい「ソース・コード」をいかにして読みやすくして、「ソースコード・リーディング」を進めていくか説明します。

■ 他人のコードが読めない理由

自分が書いた「ソース・コード」でも、半年、一年を過ぎると、他人の書いたコードと同等であるとはよく言われたものです。

他人のコードは読みづらく感じることがあります。

その理由はなんでしょうか。

それは、他人の書いたコードは、自分が書くコードと書き方が異なるからです。
そのため、違和感があり、プログラムの流れがなかなか頭に入ってこないのです。
プログラムは人間が作るものですから、「ソース・コード」の書き方も人によりまちまちで、千差万別です。

最近は誰が書いても、「ソース・コード」が統一されるようなプログラミング言語も登場していますが、「C言語」に関しては、人によって「ソース・コード」の書き方が大きく異なる傾向があります。

「自分だったらこう書くのに」という思いがある中で、他人のコードを見てみると、その違いがストレスとなり、「ソースコード・リーディング」の妨げとなり、効率が落ちるのです。

*

ここで「サンプル・プログラム」を見てみましょう。

*

以下は、「lrzsz」というプログラムのコードの一部です。

「lrzsz」というのは、「バイナリ転送プロトコル」(XMODEM/YMODEM/ZMODEM)による「ファイル転送」を実現するプログラムで、シリアル通信でも使えるのが特徴です。

「バイナリ転送プロトコル」は、かつては「ダイアルアップ接続時代」に多用されていましたが、昨今では使われることがほとんどありません。ただ、一部の組み込み機器では、まだ使われています。

「Fedora」では、「lrzsz-0.12.20-39.fc24.src.rpm」というパッケージがそれに該当します。

[src/lrz.c]

```
256 int
257 main(int argc, char *argv[])
258 {
259         register char *cp;
```

[2.4]「ソース・コード」を読みやすくする

```
260          register int npats;
261          char **patts=NULL; /* keep compiler quiet */
262          int exitcode=0;
263          int c;
264          unsigned int startup_delay=0;
265
266          Rxtimeout = 100;
267          setbuf(stderr, NULL);
268          if ((cp=getenv("SHELL")) && (strstr(cp, "rsh") || strstr(cp, "rksh")
269                  || strstr(cp,"rbash") || strstr(cp, "rshell")))
270                  under_rsh=TRUE;
271          if ((cp=getenv("ZMODEM_RESTRICTED"))!=NULL)
272                  Restricted=2;
273
274          /* make temporary and unfinished files */
275          umask(0077);
                     ⋮
                     ⋮
                     ⋮
567          if (Verbose)
568          {
569                  fputs("¥r¥n",stderr);
570                  if (exitcode)
571                          fputs(_("Transfer incomplete¥n"),stderr);
572                  else
573                          fputs(_("Transfer complete¥n"),stderr);
574          }
575          exit(exitcode);
576 }
```

このコードは、「lrz.c」の「main関数」の「冒頭」と「末尾」を抜粋したものです。

実際に「lrzsz」パッケージをダウンロードして、「ソース・コード」を開いてみて、どのように感じるか、確認してみてください。

人によって感じ方はまちまちだと思いますが、筆者が感じた違和感とその根拠を以下に示します。

- 「main関数」が300行近くもあり、「関数」の「実体」が長い。
  - → 自分でコードを書くときは、一つの「関数」が長くならないようにし、「関数」を長くしない。
- 「main()」の「返り値」と「関数の定義」が2行に渡っている (256-257行目)。
  - → 好みの問題だが、自分は「返り値」と「関数」は1行に書く。
- 「ローカル変数」の「定義」で「register指定子」がある (259-260行目)。
  - → 「register指定子」は使ったことがない。
- 「if文」の条件式で、「AND」と「OR」が混じった条件が5つある (268-269行目)。
  - → 条件が複雑でよく分からない。自分で書く場合、せいぜい条件は2つまでとしている。
- 「関数」の最後が「exit()」で終わっている (575行目)。
  - → これも好みの問題だが、自分は「return」文で書く。

「ソース・コード」読解のコツ

- **コーディング・スタイル**

　プログラムの書き方は人のよってクセが出るため、結果としてさまざまな記述になる。

　プログラムを第三者がメンテナンスできるようにするため、プログラムの書き方を統一化しようとしたのが「コーディング・スタイル」の定義である。

　Linux では、C 言語に関しては K&R スタイルと GNU スタイルが主流。

　反面、Java や C# は誰が書いても「コーディング・スタイル」が崩れないような言語設計になっている。

- **プリプロセッサ**

　プログラムをコンパイルするとき、コンパイラが字句解析や構文解析する前に、ソースファイルを整形すること。

　「コンパイル・オプション」や「ヘッダファイル」に記載した「マクロ定義」を使って、「ソース・コード」を静的に処理を切り替えられるので、プログラムの「マルチ・プラットフォーム」化が可能になる。

　反面、プリプロセッサを多用すると、「ソース・コード」が読みづらくなるという欠点があり、プリプロセッサを嫌う人は多い。

　そのため、C/C++ 以外の言語でプリプロセッサをサポートしているのは、C# ぐらいである。

　以上のように、自分の「コーディング・スタイル」と異なることで、「ソース・コード」が読みづらく感じ、結果として読解の効率が落ちることになるのです。

■「プリプロセッサ」の活用

　「C 言語」で書かれたプログラムは、「プリプロセッサ」という仕組みが多用されます。

　「プリプロセッサ」というのは、下記キーワードのことで、プログラムをコンパイルする前に、「ソース・ファイル」を加工することができる機能のことです。

```
#
#define
#undef
#include
#ifdef
#elif
#else
#endif
#error
```

　以下にサンプルプログラムを示します。

[preproc.c]

```c
/* This is a sample program by using pre-processor.
 * (2016.9.2 hirata)
 */
#include <stdio.h>

#define MAXNUM 101

int main(void)
{
 int s[MAXNUM];
 int i, val = 0;

 for (i = 0 ; i < MAXNUM ; i++) {
#if 1
        i++;
#endif
        s[i] = i;
        val += s[i];
 }
 printf("%d\n", val);

 return 0;
}
```

[2.4]「ソース・コード」を読みやすくする

　このようなシンプルな「ソース・コード」であれば、特に問題なく読めますが、プログラムの規模が大きく、処理が複雑なものとなってくると、「マクロ」が定義されている箇所を探すのに時間がかかったり、「条件コンパイル文」の「条件式」が有効なのか無効なのかが分かりにくかったりすると、「ソース・コード」を読む効率が下がります。

　そこで、「コンパイラ」の「プリプロセッサ機能」を使うことで、「ソース・コード」を「プリプロセス処理」した状態に出力することができます。

　そもそも、「コンパイラ」が「コンパイル」という動作を行なう際に、

・コメント除去 → プリプロセッサ処理 → コンパイル → リンク → 実行プログラム生成

という流れを踏襲します。
　この流れは「ANSI C」の規格で決まっているので、どのコンパイラでも動作は同じです。

　通常、「コンパイラ」は、最初から最後まで一気にコンパイル処理を進めてしまいます。
　しかし、「プリプロセッサ処理」で停止させれば、「ソース・ファイル」の「プリプロセス結果」が得られる、というわけです。

＊

　「gcc」では、「コマンドライン・オプション」に「-P」と「-E」を付けると、「プリプロセッサ処理」で「コンパイル動作」を止めることができます。
　「コメント」を除去したくない場合は、「-C」も付けるといいです。

＊

　以下のようにすると、「プリプロセス結果」が「preproc.i」というファイルに出力されます。

[実行結果]

```
# cc -P -E preproc.c -o preproc.i
          または
# cc -P -C -E preproc.c -o preproc.i
```

　「プリプロセス結果」を見ると、「20行」程度の「ソース・コード」が「600行強」に増えていますが、これは、「stdio.h」がまるごと展開されて、差し込まれているためです。

[preproc.i]

```
typedef signed char __int8_t;
typedef unsigned char __uint8_t;
typedef short int __int16_t;
typedef short unsigned int __uint16_t;
```

第2章 「ソース・コード」読解のコツ

```c
          ：
          ：
static __inline__ int __sputc_r(struct _reent *_ptr, int _c, FILE *_p) {
 if ((_p->_flags & 0x4000) && _c == '\n')
   __sputc_r (_ptr, '\r', _p);
 if (--_p->_w >= 0 || (_p->_w >= _p->_lbfsize && (char)_c != '\n'))
   return (*_p->_p++ = _c);
 else
   return (__swbuf_r(_ptr, _c, _p));
}
/* fast always-buffered version, true iff error */

int main(void)
{
 int s[101];
 int i, val = 0;
 for (i = 0 ; i < 101 ; i++) {
 i++;
  s[i] = i;
  val += s[i];
 }
 printf("%d\n", val);
 return 0;
}
```

　「オープンソース・ソフト」などの既製品の「プリプロセス結果」を取得したい場合は、「Makefile」を修正して、プログラムをコンパイルすればいいです。

　具体的には、「Makefile」で「CFLAGS」という行を探し、その行に「-P -E」オプションを追加します。

　たとえば、「OpenSSH」というプログラムでは、「Makefile」の「CFLAGS」を下記のように変更します。「CFLAGS=」の先頭に「-P -E」を差し込んでいます。

[Makefile]

```
CFLAGS=-g -O2 -Wall -Wpointer-arith -Wuninitialized -Wsign-compare -Wformat-security
-Wsizeof-pointer-memaccess -Wno-pointer-sign -Wno-unused-result -fno-strict-aliasing
-D_FORTIFY_SOURCE=2  -ftrapv  -fno-builtin-memset  -fstack-protector-strong   -Wno-
attributes
         ↓
CFLAGS=-P -E -g -O2 -Wall -Wpointer-arith -Wuninitialized -Wsign-compare -Wformat-
security -Wsizeof-pointer-memaccess -Wno-pointer-sign -Wno-unused-result -fno-strict-
aliasing -D_FORTIFY_SOURCE=2  -ftrapv  -fno-builtin-memset  -fstack-protector-strong
-Wno-attributes
```

　「Makefile」の修正ができたら、「make」コマンドでプログラムをコンパイルします。

[2.4]「ソース・コード」を読みやすくする

[実行結果]

```
# make
```

「コンパイル」の動作を「プリプロセッサ処理」で停止させているので、「make」コマンドによる実行は「エラー」となりますが、「プリプロセス結果」は「*.o」というファイルに得られています。

通常の「コンパイル」では、「*.o」というファイルは「オブジェクト・ファイル」になるので、「バイナリ・データ」が格納されますが、「プリプロセッサ処理」で停止させることで、代わりに「プリプロセス結果」が「テキスト形式」で出力されることになります。

[実行結果]

```
# cat ssh.o |less
typedef signed char __int8_t;
typedef unsigned char __uint8_t;
typedef short int __int16_t;
        :
        :
        :
static void
main_sigchld_handler(int sig)
{
 int save_errno = (*__errno());
 pid_t pid;
 int status;
 while ((pid = waitpid(-1, &status, 1)) > 0 ||
     (pid < 0 && (*__errno()) == 4))
   ;
 mysignal(sig,main_sigchld_handler);
 (*__errno()) = save_errno;
}
```

■「ソース・コード」の整形

「ソース・コード」の作りがあまりに見づらい場合、整形してしまうというやり方があります。

*

「indent」というコマンドを使うことで、「C言語」の「ソース・コード」を整形することができます。

「indent」コマンドは、標準で導入されています。

*

コマンドの機能が豊富で、いろいろなオプションが用意されているのですが、「K&Rスタイル」で、「TABスペース」を4つにするには、下記コマンドラインとなります。

- indent -kr -ts4 ソースファイル

・オブジェクト・ファイル

C言語の「ソース・ファイル」(.c) をコンパイルすると、「オブジェクト・ファイル」(.o) が生成される。

「オブジェクト・ファイル」はC言語のコードがアセンブリ言語 (機械語) に変換されているが、そのままでは実行することはできない。

シンボル情報が未解決のため、「リンカー」(linker) により「リンク」(link) を行なうことで、「実行プログラム」が出来上がる。

・K&R

「プログラミング言語C(The C Programming Language)」という書籍の著者の頭文字。

著者は Kernighan(カーニハン) と Ritchie(リッチー) の2名。この本に書かれているプログラムのコーディングスタイルを「K&Rスタイル」と呼ぶ。

第2章 「ソース・コード」読解のコツ

　以下に「サンプル・プログラム」を示します。

[indent.c]

```
#include <stdio.h>
int main(void)
{
        int i, k=0;

        for(i=0;i<33;i++) {k=i+1;}
        if(k%2) printf("k %d\n", k);
        else {puts("test");};
        return 0;
}
```

　「行間」や「スペース」がなく、窮屈な感じで読みづらくなっていますが、このプログラムを整形してみます。
　以下、実行結果です。

＊

　「整形対象のソースファイル」(indent.c)はそのまま更新され、「整形前のソースファイル」は「バックアップ」(indent.c~)されます。

[実行結果]

```
# indent -kr -ts4 indent.c
# ls indent.c*
indent.c*  indent.c~
# cat indent.c
#include <stdio.h>
int main(void)
{
        int i, k = 0;

        for (i = 0; i < 33; i++) {
                k = i + 1;
        }
        if (k % 2)
                printf("k %d\n", k);
        else {
                puts("test");
        };
        return 0;
}
# cat indent.c~
#include <stdio.h>
int main(void)
{
        int i, k=0;

        for(i=0;i<33;i++) {k=i+1;}
        if(k%2) printf("k %d\n", k);
        else {puts("test");};
        return 0;
}
```

2.5 プログラムの動作をトレースする

「ソース・コード」を見ていても、どうしても動作が分からない場合は、実際にプログラムを動かしてみて、動作を調べるしかありません。

プログラムの動作をトレースする方法は、プログラムの種別（「アプリケーション」「ライブラリ」「カーネル」）によって異なります。

■ アプリケーションの場合

「アプリケーション・プログラム」の場合、「プログラム」が「ユーザー空間」で動作するので、比較的容易にトレースできます。

トレースの手段を以下に挙げます。

●「verbose」オプションを活用する

プログラムによっては、「verbose」オプションが用意されていることがあります。

「verbose」オプションというのは、「プログラムの動作を詳細に出力する」機能のことで、通常は「デバッグ用途」で、開発者が用意します。

本来はデバッグ用途ではありますが、第三者がプログラムの動きを調べる目的にも有効です。

*

「verbose」オプション自体が用意されているかどうかや、オプションの使い方については、そのプログラムの「manページ」を参照すれば分かりますが、たいていは、オプションの形式は下記の通りとなっています。

- -v
- -vv
- -vvv

*

例として、「ssh」コマンドの実行例を示します。

[実行結果]

```
# ssh 192.168.1.1
ssh: connect to host 192.168.1.1 port 22: Connection refused

# ssh -v 192.168.1.1
OpenSSH_7.2p2, OpenSSL 1.0.2h-fips  3 May 2016
debug1: Reading configuration data /etc/ssh/ssh_config
debug1: /etc/ssh/ssh_config line 58: Applying options for *
debug1: Connecting to 192.168.1.1 [192.168.1.1] port 22.
debug1: connect to address 192.168.1.1 port 22: Connection refused
ssh: connect to host 192.168.1.1 port 22: Connection refused

# ssh -vv 192.168.1.1
OpenSSH_7.2p2, OpenSSL 1.0.2h-fips  3 May 2016
```

第2章 「ソース・コード」読解のコツ

```
debug1: Reading configuration data /etc/ssh/ssh_config
debug1: /etc/ssh/ssh_config line 58: Applying options for *
debug2: resolving "192.168.1.1" port 22
debug2: ssh_connect_direct: needpriv 0
debug1: Connecting to 192.168.1.1 [192.168.1.1] port 22.
debug1: connect to address 192.168.1.1 port 22: Connection refused
ssh: connect to host 192.168.1.1 port 22: Connection refused

# ssh -vvv 192.168.1.1
OpenSSH_7.2p2, OpenSSL 1.0.2h-fips  3 May 2016
debug1: Reading configuration data /etc/ssh/ssh_config
debug1: /etc/ssh/ssh_config line 58: Applying options for *
debug2: resolving "192.168.1.1" port 22
debug2: ssh_connect_direct: needpriv 0
debug1: Connecting to 192.168.1.1 [192.168.1.1] port 22.
debug1: connect to address 192.168.1.1 port 22: Connection refused
ssh: connect to host 192.168.1.1 port 22: Connection refused
```

「verbose」オプションを付けることで、「デバッグ・メッセージ」が増えていることが分かります。

たとえば、

```
debug1: Connecting to 192.168.1.1 [192.168.1.1] port 22.
```

というメッセージは、「ソース・コード」の下記箇所に該当します。

[ssh_connect_direct()#sshconnect.c]

```
        debug("Connecting to %.200s [%.100s] port %s.",
            host, ntop, strport);
```

「debug()」は、「verbose」オプションが付与されていれば、メッセージを出力するような仕組みになっています。

[debug()#log.c]

```
void
debug(const char *fmt,...)
{
        va_list args;

        va_start(args, fmt);
        do_log(SYSLOG_LEVEL_DEBUG1, fmt, args);
        va_end(args);
}
```

● 「デバッグ・ビルド」する

「プログラム」を「デバッグ・ビルド」することで、詳細な動作を出力できるようになることがあります。

[2.5] プログラムの動作をトレースする

　プログラムによって「デバッグ・ビルド」に対応しているかどうかは、「ケース・バイ・ケース」ではありますが、たとえば「OpenSSH」では、下記に示すコードが含まれています。

＊

　「DEBUG_PK」というマクロを定義することで、「RSA_print_fp()」という「関数コール」が有効になり、通常のプログラム実行では得られない詳細な情報が出力されます。

　マクロを定義する場合は、「gcc」のオプション、または Makefile の CFLAGS で、「-DDEBUG_PK」を指定した上で、プログラムをコンパイルすればよいです。
　「gcc」の「-D」オプションで「マクロの定義」ができます(「-U」でマクロ定義の解除)。

[sshkey_read()#sshkey.c]

```
             case KEY_RSA:
                 if (ret->rsa != NULL)
                     RSA_free(ret->rsa);
                 ret->rsa = k->rsa;
                 k->rsa = NULL;
#ifdef DEBUG_PK
                 RSA_print_fp(stderr, ret->rsa, 8);
#endif
                 break;
```

●「printf」を埋め込む

　原始的なやり方ではありますが、プログラムの動作を把握したい箇所に、自分で「printf()」を追加して、実際にプログラムを動かしてみて、動作を調べる、という方法もあります。
　いわゆる、「printf デバッグ」と呼ばれる手法で、「定番」です。

＊

　ただし、「printf デバッグ」は「バックグラウンド・デーモン」には有効ではありません。
　なぜならば、「バックグランド」で動作するプログラムでは、「標準入力」(stdin)と「標準出力」(stdout)、「標準エラー出力」(stderr) が無効化されているからです(厳密には /dev/null に向いています)。

＊

　つまり、「printf()」を呼び出しても、出力結果が破棄されてしまうのです。

　「バックグランド」で動作するプログラムにおいては、「printf()」ではなく、「syslog()」を使って、「syslog」にログ出力する方法が「定石」となっています。

＊

　以下にサンプルプログラムを示します。

「ソース・コード」読解のコツ

[syslog_test.c]

```
#include <stdio.h>
#include <syslog.h>

int main(void)
{
        printf("hello, world.\n");
        syslog(LOG_INFO, "hello, world.\n");

        return 0;
}
```

以下、実行結果です。
「syslog()」で指定したメッセージは、「実行画面」には表示されません。

[実行結果]

```
# cc sample.c
# ./a.out
hello, world.
```

では、どこにログ出力されているかというと、「Linux ディストリビューション」のバージョンによって異なります。
ログ出力機能はユーザー空間側の話なので、Linux カーネルのバージョンは無関係です。

ログの出力先

Linux ディストリビューション	syslog の出力先	データ形式
Fedora20(RHEL7/CentOS7) 以降	/var/log/journal/	バイナリ・データ
Fedora19(RHEL6/CentOS6) 以前	/var/log/messages	テキスト・データ

長らく、「Linux」の「syslog」は「/var/log/messages」という「テキスト・ファイル」に出力され、「ログ・ローテーション機能」によって世代管理されてきましたが、「Fedora20」から刷新され、「syslogd」デーモンから「journald」デーモンに置き換えられました。

*

「/var/log/journal/」の配下には「バイナリ・データ形式」として格納されているため、「cat」や「tail」などのコマンドで参照することはできず、「journalctl」という専用コマンドを使います。

以下、実行結果です。
「journalctl -f」とすると、かつての「tail -f /var/log/messages」相当になります。
「サンプル・プログラム」で「syslog()」で指定したメッセージが出力されていることが確認できます。

[2.5] プログラムの動作をトレースする

[実行結果]

```
# ls /var/log/journal/
abb9b3bebc814099b405915ed0b22be1/
# ll /var/log/journal/abb9b3bebc814099b405915ed0b22be1/
合計 32784
-rw-r-----+ 1 root systemd-journal 25165824  9月  4 13:52 system.journal
-rw-r-----+ 1 root systemd-journal  8388608  9月  4 13:52 user-1000.journal
# journalctl -f
-- Logs begin at 水 2016-08-10 22:27:02 JST. --
 9月 04 14:01:01 localhost.localdomain CROND[2102]: (root) CMD (run-parts /etc/cron.hourly)
 9月 04 14:01:01 localhost.localdomain run-parts[2105]: (/etc/cron.hourly) starting 0anacron
 9月 04 14:01:01 localhost.localdomain anacron[2111]: Anacron started on 2016-09-04
 9月 04 14:01:01 localhost.localdomain run-parts[2113]: (/etc/cron.hourly) finished 0anacron
 9月 04 14:01:01 localhost.localdomain anacron[2111]: Will run job `cron.daily' in 49 min.
 9月 04 14:01:01 localhost.localdomain anacron[2111]: Will run job `cron.weekly' in 69 min.
 9月 04 14:01:01 localhost.localdomain anacron[2111]: Will run job `cron.monthly' in 89 min.
 9月 04 14:01:01 localhost.localdomain anacron[2111]: Jobs will be executed sequentially
 9月 04 14:05:33 localhost.localdomain audit[1]: SERVICE_STOP pid=1 uid=0 auid=4294967295 ses=4294967295 subj=system_u:system_r:init_t:s0 msg='unit=lvm2-lvmetad comm="systemd" exe="/usr/lib/systemd/systemd" hostname=? addr=? terminal=? res=success'
 9月 04 14:07:55 localhost.localdomain a.out[2154]: hello, world.
```

参考までに、「journalctl」コマンドの対応表を、以下に載せておきます。

journalctl コマンドの対応表

journalctl コマンド	従来のコマンド
journalctl	cat /var/log/messages
journalctl -f	tail -f /var/log/messages
journalctl -n 30	tail -n 30 /var/log/messages
journalctl -b	dmesg

● 「デバッグ情報」を利用する

「Linux ディストリビューション」に標準で同梱されているプログラムは、「デバッガ」(gdb)でデバッグしようとしても、「関数」単位ではブレークすることはできても、「シンボル情報」が欠落しているため、「デバッガ」上で「プログラムの詳細」を知ることはできません。

以下、「OpenSSH」の「ssh」コマンドを「gdb」でデバッグしている様子を示していますが、「シンボルがない」(no debugging symbols)と警告が出ていることが分かります。

よく見ると、「dnf」コマンドの「使用例」が出力されていますが、別途「debuginfo」をインストールすると、シンボル情報を追加することができます。

第2章 「ソース・コード」読解のコツ

詳細は次節で説明します。

[実行結果]

```
# gdb -q /usr/bin/ssh
Reading symbols from /usr/bin/ssh...Reading symbols from /usr/bin/ssh...(no debugging symbols found)...done.
(no debugging symbols found)...done.
Missing separate debuginfos, use: dnf debuginfo-install openssh-clients-7.2p2-6.fc24.x86_64
(gdb) b main
Breakpoint 1 at 0x9550
(gdb) run
Starting program: /usr/bin/ssh
[Thread debugging using libthread_db enabled]
Using host libthread_db library "/lib64/libthread_db.so.1".

Breakpoint 1, 0x000055555555d550 in main ()
(gdb) list
No symbol table is loaded.  Use the "file" command.
```

■「ライブラリ」の場合

「ライブラリ」(glibc)の場合、「アプリケーション・プログラム」と同様に「ユーザー空間」で動作するのですが、「ライブラリ」の動作をトレースするのは、「アプリケーション・プログラム」と比べて容易ではないです。

その理由は、(a)「ライブラリの規模が巨大であるため、再構築に手間がかかる」ことと、(b)「自前でビルドしたライブラリに差し替えるのが面倒」であることです。

そこで、ライブラリに関してはデバッグ情報を利用したトレースがお手軽なので、お勧めです。

● デバッグ情報を利用する

「デバッガ」(gdb)でライブラリをデバッグする場合、デフォルトでは「シンボル情報」が存在しないため、デバッグするのが大変ですが、「debuginfo」という「シンボル情報」を別途導入することで、ライブラリをデバッグすることができるようになります。

なお、「debuginfo」によるデバッグは、「ライブラリ」だけではなく、「アプリケーション・プログラム」と「Linux カーネル」でも可能です。

＊

「debuginfo」は、「Fedora」であれば、下記から入手できます。すべてのプログラムに対応したものが用意されています。

```
http://ftp.jaist.ac.jp/pub/Linux/Fedora/releases/24/Workstation/x86_64/debug/tree/Packages/
```

[2.5] プログラムの動作をトレースする

たとえば、「OpenSSH」の「debuginfo」であれば、「openssh-debuginfo-7.2p2-6.fc24.x86_64.rpm」(約3MB)になります。

> http://ftp.jaist.ac.jp/pub/Linux/Fedora/releases/24/Workstation/x86_64/debug/tree/Packages/o/openssh-debuginfo-7.2p2-6.fc24.x86_64.rpm

「glibc」の「debuginfo」であれば、「glibc-debuginfo-2.23.1-7.fc24.x86_64.rpm」(約11MB)と「glibc-debuginfo-common-2.23.1-7.fc24.x86_64.rpm」(約13MB)になります。

> http://ftp.jaist.ac.jp/pub/Linux/Fedora/releases/24/Workstation/x86_64/debug/tree/Packages/g/glibc-debuginfo-2.23.1-7.fc24.x86_64.rpm
> http://ftp.jaist.ac.jp/pub/Linux/Fedora/releases/24/Workstation/x86_64/debug/tree/Packages/g/glibc-debuginfo-common-2.23.1-7.fc24.x86_64.rpm

「debuginfo」は、「dnf」コマンドを使ってインストールできます。

> ・dnf debuginfo-install パッケージ名

「glibc」をデバッグしたい場合は、「パッケージ名」に「glibc」を指定すればいいのですが、「dnf」コマンドは依存関係を解決する仕組みがあるため、任意のアプリケーションプログラムを指定しても問題ありません。

*

たとえば、「OpenSSH」パッケージであれば、下記の通りです。
依存関係も自動的に解決して、必要なものをすべて導入することができます。
「glibc」の「debuginfo」もあわせて導入されます。

[実行結果]

```
# dnf debuginfo-install openssh
        :
        :
メタデータの期限切れの確認は、0:00:09 時間前の Sun Sep  4 13:09:43 2016 に実施しました。
依存性が解決されました。
================================================================================
 Package                  アーキテクチャ
                                       バージョン            リポジトリ           容量
================================================================================
インストール:
 cyrus-sasl-debuginfo     x86_64        2.1.26-26.2.fc24      fedora-debuginfo    810 k
 e2fsprogs-debuginfo      x86_64        1.42.13-4.fc24        fedora-debuginfo    1.6 M
 fipscheck-debuginfo      x86_64        1.4.1-10.fc24         fedora-debuginfo     38 k
 gcc-base-debuginfo       x86_64        6.1.1-2.fc24          fedora-debuginfo    3.5 M
 gcc-debuginfo            x86_64        6.1.1-2.fc24          fedora-debuginfo    289 M
 glibc-debuginfo          x86_64        2.23.1-7.fc24         fedora-debuginfo     11 M
 glibc-debuginfo-common   x86_64        2.23.1-7.fc24         fedora-debuginfo     13 M
 keyutils-debuginfo       x86_64        1.5.9-8.fc24          fedora-debuginfo     91 k
 krb5-debuginfo           x86_64        1.14.1-6.fc24         fedora-debuginfo    4.2 M
```

「ソース・コード」読解のコツ

```
  libdb-debuginfo              x86_64    5.3.28-14.fc24     fedora-debuginfo     15 M
  libselinux-debuginfo         x86_64    2.5-9.fc24         updates-debuginfo   911 k
  libsepol-debuginfo           x86_64    2.5-8.fc24         updates-debuginfo   860 k
  libverto-debuginfo           x86_64    0.2.6-6.fc24       fedora-debuginfo     68 k
  nspr-debuginfo               x86_64    4.12.0-1.fc24      fedora-debuginfo    666 k
  nss-debuginfo                x86_64    3.23.0-1.2.fc24    fedora-debuginfo    5.0 M
  nss-softokn-debuginfo        x86_64    3.23.0-1.0.fc24    fedora-debuginfo    1.9 M
  nss-util-debuginfo           x86_64    3.23.0-1.0.fc24    fedora-debuginfo    280 k
  openldap-debuginfo           x86_64    2.4.44-1.fc24      fedora-debuginfo    4.2 M
  openssh-debuginfo            x86_64    7.2p2-12.fc24      updates-debuginfo   3.1 M
  openssl-debuginfo            x86_64    1:1.0.2h-1.fc24    fedora-debuginfo    4.3 M
  pcre-debuginfo               x86_64    8.38-11.fc24       fedora-debuginfo    1.2 M
  sqlite-debuginfo             x86_64    3.11.0-3.fc24      fedora-debuginfo    6.0 M
  zlib-debuginfo               x86_64    1.2.8-10.fc24      fedora-debuginfo    254 k

トランザクションの要約
================================================================================
インストール    23 パッケージ

総ダウンロード容量: 366 M
インストールされる容量: 1.7 G
これでいいですか? [y/N]: y
         :
         :
インストール済み:
  cyrus-sasl-debuginfo.x86_64 2.1.26-26.2.fc24
  e2fsprogs-debuginfo.x86_64 1.42.13-4.fc24
  fipscheck-debuginfo.x86_64 1.4.1-10.fc24
  gcc-base-debuginfo.x86_64 6.1.1-2.fc24
  gcc-debuginfo.x86_64 6.1.1-2.fc24
  glibc-debuginfo.x86_64 2.23.1-7.fc24
  glibc-debuginfo-common.x86_64 2.23.1-7.fc24
  keyutils-debuginfo.x86_64 1.5.9-8.fc24
  krb5-debuginfo.x86_64 1.14.1-6.fc24
  libdb-debuginfo.x86_64 5.3.28-14.fc24
  libselinux-debuginfo.x86_64 2.5-9.fc24
  libsepol-debuginfo.x86_64 2.5-8.fc24
  libverto-debuginfo.x86_64 0.2.6-6.fc24
  nspr-debuginfo.x86_64 4.12.0-1.fc24
  nss-debuginfo.x86_64 3.23.0-1.2.fc24
  nss-softokn-debuginfo.x86_64 3.23.0-1.0.fc24
  nss-util-debuginfo.x86_64 3.23.0-1.0.fc24
  openldap-debuginfo.x86_64 2.4.44-1.fc24
  openssh-debuginfo.x86_64 7.2p2-12.fc24
  openssl-debuginfo.x86_64 1:1.0.2h-1.fc24
  pcre-debuginfo.x86_64 8.38-11.fc24
  sqlite-debuginfo.x86_64 3.11.0-3.fc24
  zlib-debuginfo.x86_64 1.2.8-10.fc24

完了しました!
```

「debuginfo」をインストールすると、「/usr/src/debug」配下にパッケージごとにデバッグ情報が格納されます。

ここに格納されるのは、「パッケージのシンボル情報」と「ソース・コード」です。

[2.5] プログラムの動作をトレースする

「gdb」によるデバッグの際に、これらの情報が必要となるからです。

[実行結果]

```
# cd /usr/src/debug
# ls
cyrus-sasl-2.1.26/        krb5-1.14.1/              nss-util-3.23.0/
db-5.3.28/                libselinux-2.5/           openldap-2.4.44/
e2fsprogs-1.42.13/        libsepol-2.5/             openssh-7.2p2/
fipscheck-1.4.1/          libverto-0.2.6/           openssl-1.0.2h/
gcc-6.1.1-20160510/       nspr-4.12.0/              pcre-8.38/
glibc-2.23-55-g1a8a7c1/   nss-3.23.0/               sqlite-src-3110000/
keyutils-1.5.9/           nss-softokn-3.23.0/       zlib-1.2.8/

# cd openssh-7.2p2
# ls
addrmatch.c           ge25519.h             readconf.h
atomicio.c            groupaccess.c         readpass.c
atomicio.h            groupaccess.h         rijndael.h
       :                    :
       :                    :
fe25519.c             progressmeter.c       verify.c
fe25519.h             progressmeter.h       xmalloc.c
ge25519.c             readconf.c            xmalloc.h
```

準備が整ったので、下記に示す「サンプル・プログラム」でデバッグしてみます。

[sample.c]

```c
#include <stdio.h>

int main(void)
{
        printf("hello, world.\n");

        return 0;
}
```

プログラムの「コンパイル」時に「-g」オプションを付けて、「デバッグ情報付き」で「コンパイル」します。

[実行結果]

```
# cc -g sample.c
# ll
合計 16
-rwxrwxr-x. 1 yutaka yutaka 11064  9月  4 13:35 a.out*
-rw-rw-r--. 1 yutaka yutaka    80  9月  4 13:35 sample.c
```

「gdb」で「デバッグ対象の実行プログラム」を指定して、「デバッガ」を起動します。「main()」に「ブレーク・ポイント」を設定して、プログラムを開始します。

第2章 「ソース・コード」読解のコツ

[実行結果]

```
# gdb ./a.out
GNU gdb (GDB) Fedora 7.11-66.fc24
Copyright (C) 2016 Free Software Foundation, Inc.
License GPLv3+: GNU GPL version 3 or later <http://gnu.org/licenses/gpl.html>
This is free software: you are free to change and redistribute it.
There is NO WARRANTY, to the extent permitted by law.  Type "show copying"
and "show warranty" for details.
This GDB was configured as "x86_64-redhat-linux-gnu".
Type "show configuration" for configuration details.
For bug reporting instructions, please see:
<http://www.gnu.org/software/gdb/bugs/>.
Find the GDB manual and other documentation resources online at:
<http://www.gnu.org/software/gdb/documentation/>.
For help, type "help".
Type "apropos word" to search for commands related to "word"...
Reading symbols from ./a.out...done.
(gdb) b main
Breakpoint 1 at 0x40052a: file sample.c, line 5.
(gdb) run
Starting program: /home/yutaka/src/a.out

Breakpoint 1, main () at sample.c:5
5               printf("hello, world.\n");
```

　「printf()」で止まっているので、ここから「ステップ実行」をします。

　すると、「glibc」の処理へ移行し、「glibc」の「ioputs.c」にある「_IO_puts」という関数が出てきます。

　「printf()」という関数は、「glibc」に渡されるときに「_IO_puts()」という関数に置き換わるということを意味しています。

　このように「debuginfo」を利用すると、「glibc」を「シンボル・デバッグ」できるため、「glibc」の動作を調査するのにも役に立ちます。

[実行結果]

```
(gdb) s
_IO_puts (str=0x4005d0 "hello, world.") at ioputs.c:33
33      {
(gdb) list
28      #include <string.h>
29      #include <limits.h>
30
31      int
32      _IO_puts (const char *str)
33      {
34        int result = EOF;
35        _IO_size_t len = strlen (str);
36        _IO_acquire_lock (_IO_stdout);
37
```

```
(gdb) p str
$1 = 0x4005d0 "hello, world."
(gdb) s
35          _IO_size_t len = strlen (str);
(gdb) s
strlen () at ../sysdeps/x86_64/strlen.S:66
66              pxor    %xmm0, %xmm0
(gdb) s
67              pxor    %xmm1, %xmm1
```

■ カーネルの場合

本節では、「Linuxカーネル」の「動作トレース方法」について説明します。

「カーネル」の場合は、「アプリケーション」や「ライブラリ」とはデバッグの仕方が異質なので、敷居が高く感じるかもしれません。

●「カーネル・メッセージ」のログ採取

「Linuxカーネル」が「起動」するときや「停止」するときや、「カーネル・パニック」で"落ちる"ときなど、画面にメッセージが一気に流れますが、これらの情報は「トレース」や「デバッグ」に有益であるため、「ログ採取」できるようにしておくのが基本です。

*

「Linuxカーネル」は、「メッセージ」を「画面」(VGAモニタ)にのみ出力していますが、設定を行なうことで、「シリアル・デバイス」(ttyS0)にも出力することができます。

「シリアル・デバイス」に「ターミナル・ソフト」で接続することで、「ログ・ファイル」にメッセージを採取することができます。

また、「ターミナル・ソフト」上から「シリアル・デバイス」を通して、Linuxを操作することもできて、便利です。

*

下図に「シリアル・デバイス」への接続方法を示します。

今回、「Hyper-V」上で「Linux」を動作させている前提であるため、それに沿った図となっています。

「Linux」を「仮想化環境」ではなく、「実機」で動作させている場合は、「PC」(Windows)と「シリアル・ケーブル」で直接接続すればよいだけですが、昨今の「PC」には「シリアル・ポート」が搭載されていないことがあるので、要注意です。

第2章 「ソース・コード」読解のコツ

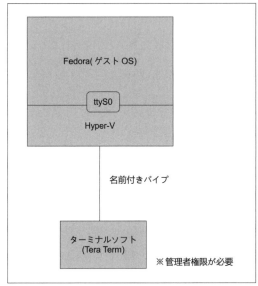

図2.18 Linuxへの「シリアル接続」図

「仮想化環境」においても、設定を正しく行なえば、あたかも「PC」と「Linux」とが「シリアル接続」されているように使うことができます。

図2.19 Linuxへのシリアル接続している様子

・**名前付きパイプ**
　名前付きパイプ (Named pipe) は、プロセスおよびプログラム同士で通信を行なう仕組み。

　コマンドを並列実行するパイプ (pipe) とは名前は似ているが、まったく別機能。

　仮想化ソフトと外部アプリケーションが通信するために、名前付きパイプという仕組みが利用される。

　仮想化ソフトのゲストOSにはシリアルポートデバイスとして見える。

上記のシリアル接続を可能とするには、各種の設定が必要です。

① Hyper-V

「シリアル・ポート」を「名前付きパイプ」でアクセスできるようにします。

　ここで、「仮想マシン」を構築する際に、「第1世代」と「第2世代」のどちらを選択したかで、手順が異なります。

[2.5] プログラムの動作をトレースする

• **第1世代（Legacy BIOS）の場合**

「Hyper-V」の「仮想マシンの設定」で、ハードにある「COM1」および「COM2」で「名前付きパイプ」の指定を行ないます。

図2.20　第1世代の場合のシリアル設定

• **第2世代（UEFI BIOS）の場合**

「Hyper-V」上からは設定できないので、「PowerShell」から設定します。

「PowerShell」を「管理者権限」で起動して、コマンドを実行します。

なお、「コントロールパネル」のプログラムの「Windowsの機能の有効化または無効化」で、「Windows PowerShell用Hyper-Vモジュール」が有効になっている必要があります。

「Set-VMComPort」コマンドで、「Hyper-V」の「COM1」および「COM2」ポートに「名前付きパイプ」を設定します。

＊

下記実行結果では、「COM1」ポートに「¥¥.¥pipe¥com1」という「名前付きパイプ」を設定しています。

[実行結果]

```
PS C:¥usr¥doc¥kiji> Get-VMComPort -VMName "Fedora24(Desktop)"

VMName              Name    Path
------              ----    ----
Fedora24(Desktop)   COM 1
Fedora24(Desktop)   COM 2
```

95

第2章 「ソース・コード」読解のコツ

```
PS C:¥usr¥doc¥kiji> Set-VMComPort -VMName "Fedora24(Desktop)" 1 -Path "¥¥.¥pipe¥com1"
PS C:¥usr¥doc¥kiji> Get-VMComPort -VMName "Fedora24(Desktop)"

VMName                  Name   Path
------                  ----   ----
Fedora24(Desktop)       COM 1  ¥¥.¥pipe¥com1
Fedora24(Desktop)       COM 2
```

- **GRUB**

「GRUB」(GNU Grand Unified Bootloader)は、Linuxで標準的に採用されている「ブートローダー」。

「グラブ」と読む。対応プラットフォームは「x86」と「x86_64」の他に「ARM」にも対応しているため、組み込みLinuxでも使用可能。

「GRUB」が登場する前は、「LILO」(Linux Loader)がよく使われていたが、2015年で開発終了された。

② Linux

「Fedora」の「GRUB」と「ブート・メッセージ」「ログイン・プロンプト」を「シリアル・デバイス」に出力するには、「GRUB2」の設定をします。

「/etc/default/grub」を編集します。

「GRUB_CMDLINE_LINUX」行から「rhgb quiet」という指定を削除し、新たに3つの行(「GRUB_TERMINAL」「GRUB_SERIAL_COMMAND」「GRUB_CMDLINE_LINUX」)を追加します。

ここでは、「COM1ポート」(ttyS0)を「シリアル・デバイス」として指定しています。

[/etc/default/grub]

```
GRUB_TIMEOUT=5
GRUB_DISTRIBUTOR="$(sed 's, release .*$,,g' /etc/system-release)"
GRUB_DEFAULT=saved
GRUB_DISABLE_SUBMENU=true
GRUB_TERMINAL_OUTPUT="console"
GRUB_CMDLINE_LINUX="rd.lvm.lv=fedora/root rd.lvm.lv=fedora/swap rhgb quiet"
GRUB_DISABLE_RECOVERY="true"

            ↓

GRUB_TIMEOUT=5
GRUB_DISTRIBUTOR="$(sed 's, release .*$,,g' /etc/system-release)"
GRUB_DEFAULT=saved
GRUB_DISABLE_SUBMENU=true
GRUB_TERMINAL_OUTPUT="console"
GRUB_CMDLINE_LINUX="rd.lvm.lv=fedora/root rd.lvm.lv=fedora/swap"
GRUB_DISABLE_RECOVERY="true"
GRUB_TERMINAL="serial console"
GRUB_SERIAL_COMMAND="serial --unit=0 --speed=38400"
GRUB_CMDLINE_LINUX="console=tty0 console=ttyS0,38400"
```

「grub2-mkconfig」コマンドを実行して、「/boot/efi/EFI/fedora/grub.cfg」を更新します。

[実行結果]

```
# cd /boot/efi/EFI/fedora/
# grub2-mkconfig -o grub.cfg
Generating grub configuration file ...
```

```
Found linux image: /boot/vmlinuz-4.5.5-300.fc24.x86_64
Found initrd image: /boot/initramfs-4.5.5-300.fc24.x86_64.img
Found linux image: /boot/vmlinuz-0-rescue-abb9b3bebc814099b405915ed0b22be1
Found initrd image: /boot/initramfs-0-rescue-abb9b3bebc814099b405915ed0b22be1.img
done
```

③ ターミナル・ソフト

「名前付きパイプ」に対応した「ターミナル・ソフト」を用意します。

　国内では定番の「Tera Term」は、「名前付きパイプ」に対応しているため、本書では「Tera Term」を使っています。なお、他の「ターミナル・ソフト」でも対応している製品もあります。

　「Tera Term」を「管理者権限」で起動し、「ホスト名」に「Hyper-V」に設定した「名前付きパイプ」（¥¥.¥pipe¥com1）を指定します。

　このとき気をつけることとして、以下の2点があります。

- 「Tera Term」は「管理者権限」で起動すること。
  一般権限では「名前付きパイプ」は開けない。

- 「名前付きパイプ」は「Hyper-V」で「仮想マシン」を起動した際に作られる。
  作成前は「Tera Term」から開けない。
  また、「仮想マシン」を「リブート」または「シャットダウン」すると、「名前付きパイプ」は削除される。

●「システム・コール」のトレース

「システム・コール」というのは、「manページ」の「セクション2」に登場する「関数群」のことですが、「アプリケーション」と「カーネル」をつなぐ、重要なインターフェイスでもあります。

　「プログラム」がどんな「システム・コール」を呼び出しているかを知ることで、「カーネル」の動作を調べることができます。

　それには、「strace」コマンドを使います。

> ・strace 実行プログラム

＊

以下に実行例を示します。

[実行結果]

```
# uname -a
Linux localhost.localdomain 4.7.2-201.fc24.x86_64 #1 SMP Fri Aug 26 15:58:40 UTC 2016
x86_64 x86_64 x86_64 GNU/Linux
```

第2章 「ソース・コード」読解のコツ

```
# strace uname -a
execve("/usr/bin/uname", ["uname", "-a"], [/* 26 vars */]) = 0
brk(NULL)                               = 0x55b43ef53000
mmap(NULL, 4096, PROT_READ|PROT_WRITE, MAP_PRIVATE|MAP_ANONYMOUS, -1, 0) = 0x7f23c3965000
access("/etc/ld.so.preload", R_OK)      = -1 ENOENT (No such file or directory)
open("/etc/ld.so.cache", O_RDONLY|O_CLOEXEC) = 3
fstat(3, {st_mode=S_IFREG|0644, st_size=88335, ...}) = 0
mmap(NULL, 88335, PROT_READ, MAP_PRIVATE, 3, 0) = 0x7f23c394f000
close(3)                                = 0
open("/lib64/libc.so.6", O_RDONLY|O_CLOEXEC) = 3
read(3, "\177ELF\2\1\1\3\0\0\0\0\0\0\0\0\3\0>\0\1\0\0\0P\10\2\0\0\0\0\0"..., 832) = 832
fstat(3, {st_mode=S_IFREG|0755, st_size=2093616, ...}) = 0
mmap(NULL, 3942752, PROT_READ|PROT_EXEC, MAP_PRIVATE|MAP_DENYWRITE, 3, 0) = 0x7f23c3380000
mprotect(0x7f23c3539000, 2097152, PROT_NONE) = 0
mmap(0x7f23c3739000, 24576, PROT_READ|PROT_WRITE, MAP_PRIVATE|MAP_FIXED|MAP_DENYWRITE, 3, 0x1b9000) = 0x7f23c3739000
mmap(0x7f23c373f000, 14688, PROT_READ|PROT_WRITE, MAP_PRIVATE|MAP_FIXED|MAP_ANONYMOUS, -1, 0) = 0x7f23c373f000
close(3)                                = 0
mmap(NULL, 4096, PROT_READ|PROT_WRITE, MAP_PRIVATE|MAP_ANONYMOUS, -1, 0) = 0x7f23c394e000
mmap(NULL, 4096, PROT_READ|PROT_WRITE, MAP_PRIVATE|MAP_ANONYMOUS, -1, 0) = 0x7f23c394d000
mmap(NULL, 4096, PROT_READ|PROT_WRITE, MAP_PRIVATE|MAP_ANONYMOUS, -1, 0) = 0x7f23c394c000
arch_prctl(ARCH_SET_FS, 0x7f23c394d700) = 0
mprotect(0x7f23c3739000, 16384, PROT_READ) = 0
mprotect(0x55b43e11d000, 4096, PROT_READ) = 0
mprotect(0x7f23c3966000, 4096, PROT_READ) = 0
munmap(0x7f23c394f000, 88335)           = 0
brk(NULL)                               = 0x55b43ef53000
brk(0x55b43ef74000)                     = 0x55b43ef74000
brk(NULL)                               = 0x55b43ef74000
open("/usr/lib/locale/locale-archive", O_RDONLY|O_CLOEXEC) = 3
fstat(3, {st_mode=S_IFREG|0644, st_size=110570304, ...}) = 0
mmap(NULL, 110570304, PROT_READ, MAP_PRIVATE, 3, 0) = 0x7f23bca0d000
close(3)                                = 0
uname({sysname="Linux", nodename="localhost.localdomain", ...}) = 0
fstat(1, {st_mode=S_IFCHR|0620, st_rdev=makedev(4, 64), ...}) = 0
ioctl(1, TCGETS, {B38400 opost isig icanon echo ...}) = 0
uname({sysname="Linux", nodename="localhost.localdomain", ...}) = 0
uname({sysname="Linux", nodename="localhost.localdomain", ...}) = 0
write(1, "Linux localhost.localdomain 4.7."..., 117Linux localhost.localdomain 4.7.2-201.fc24.x86_64 #1 SMP Fri Aug 26 15:58:40 UTC 2016 x86_64 x86_64 x86_64 GNU/Linux
) = 117
close(1)                                = 0
close(2)                                = 0
exit_group(0)                           = ?
+++ exited with 0 +++
```

● 「カーネル関数」のトレース

　以前の「Linuxカーネル」には「トレース機能」や「ダンプ機能」は皆無でしたが、昨今の「Linux」には、有益な機能が標準装備されるようになってきています。

[2.5] プログラムの動作をトレースする

そのうち、「ftrace」(trace-cmd)は、プログラムを実行したときに呼び出された「カーネル関数」と、「実行時間」を知ることができる「トレース機能」です。

本節では、「ftrace」の使い方を説明します。

*

「ftrace」は「カーネル」の機能なのですが、「Fedora」では「標準」で組み込まれているため、特に「カーネル・コンフィグレーション」は必要としません。

*

「trace-cmd」というコマンドが必要になるので、インストールします。

また、トレース内容をGUIで分かりやすく見るには、別途「kernelshark」というツールが必要です。

[実行結果]

```
# dnf install trace-cmd
        :
        :
インストール済み:
  trace-cmd.x86_64 2.6-1.fc24

完了しました!

# dnf install kernelshark
        :
        :
インストール済み:
  kernelshark.x86_64 2.6-1.fc24

完了しました!
```

「trace-cmd」コマンドの使い方は、以下の通りです。

> ① trace-cmd -record -p function_graph 実行コマンド名
> ② trace-cmd report > ファイル名
> ③ kernelshark

以下に「実行結果」を示します。

しかし、「trace-cmd」を実行後、「カーネル・パニック」してしまい、正常には「トレース」の採取はできませんでした。

[実行結果]

```
Fedora 24 (Workstation Edition)
Kernel 4.5.5-300.fc24.x86_64 on an x86_64 (tty50)

localhost login: [  337.561056] invalid opcode: 0000 [#1] SMP
[  337.562007] Modules linked in: fuse nf_conntrack_netbios_ns nf_conntrack_broadcast
ip6t_rpfilter ip6t_REJECT nf_reject_ipv6 xt_conntrack ip_set nfnetlink ebtable_broute
```

第2章 「ソース・コード」読解のコツ

```
bridge ebtable_nat ip6table_raw ip6table_mangle ip6table_nat nf_conntrack_ipv6 nf_de
frag_ipv6 nf_nat_ipv6 ip6table_security iptable_raw iptable_mangle iptable_nat nf_co
nntrack_ipv4 nf_defrag_ipv4 nf_nat_ipv4 nf_nat nf_conntrack iptable_security ebtab
le_filter ebtables ip6table_filter ip6_tables vfat fat crct10dif_pclmul crc32_pclmul gh
ash_clmulni_intel hv_balloon hv_utils acpi_cpufreq tpm_tis tpm joydev nfsd auth_rpcg
ss nfs_acl lockd grace sunrpc serio_raw 8021q garp stp llc mrp hv_storvsc scsi_trans
port_fc hv_netvsc hid_hyperv hyperv_fb hyperv_keyboard crc32c_intel hv_vmbus
[  337.562007] CPU: 0 PID: 806 Comm: rngd Not tainted 4.5.5-300.fc24.x86_64 #1
[  337.562007] Hardware name: Microsoft Corporation Virtual Machine/Virtual Machine,
BIOS Hyper-V UEFI Release v1.0 11/26/2012
[  337.562007] task: ffff8800424bbd00 ti: ffff880042a24000 task.ti: ffff880042a24000
[  337.562007] RIP: 0010:[<ffffffff817d1678>]  [<ffffffff817d1678>] ftrace_stub+0x0/0x8
[  337.562007] RSP: 0018:ffff880042a279c0  EFLAGS: 00010217
[  337.562007] RAX: ffff8800424bbd00 RBX: ffffffff817cdee0 RCX: 000000000000001f
[  337.562007] RDX: 0000000000000000 RSI: ffff880049814298 RDI: ffff880042a279c8
[  337.562007] RBP: ffff880042a27a00 R08: ffff880042a24000 R09: 0000000000000000
[  337.562007] R10: 0000000000000000 R11: 0000000000000001 R12: 0000000000000000
[  337.562007] R13: ffff880042a27b74 R14: 0000000000000000 R15: ffff880042a27b74
[  337.562007] FS:  00007f36040d8700(0000) GS:ffff880049800000(0000) knlGS:0000000000000000
[  337.562007] CS:  0010 DS: 0000 ES: 0000 CR0: 0000000080050033
[  337.562007] CR2: 00007ffffd608e49 CR3: 0000000042a6a000 CR4: 00000000001406f0
[  337.562007] Stack:
[  337.562007]  ffffffff8117d36d ffffffff817cab40 0000004c1cc04a2c 0000004d3a3ca7ba
[  337.562007]  0000000000000000 ffff880000000003 0000000051144c62 ffff880042a27c60
[  337.562007]  ffff880042a27ac0 ffffffff817d188d 0000000000000000 00000000ffffffff
[  337.562007] Call Trace:
[  337.562007]  [<ffffffff8117d36d>] ? ftrace_return_to_handler+0x9d/0x110
[  337.562007]  [<ffffffff817cab40>] ? __schedule+0xa00/0xa00
[  337.562007]  [<ffffffff817d188d>] return_to_handler+0x15/0x27
[  337.562007]  [<ffffffff817d1878>] ? ftrace_graph_caller+0xa8/0xa8
[  337.562007]  [<ffffffff817cdf03>] schedule_hrtimeout_range+0x13/0x20
[  337.562007]  [<ffffffff817cdd55>] ? schedule_hrtimeout_range_clock+0x5/0x1a0
[  337.562007]  [<ffffffff817cdef5>] ? schedule_hrtimeout_range+0x5/0x20
[  337.562007]  [<ffffffff817d1878>] ftrace_graph_caller+0xa8/0xa8
[  337.562007]  [<ffffffff81257014>] poll_schedule_timeout+0x44/0x70
[  337.562007]  [<ffffffff817d1878>] ftrace_graph_caller+0xa8/0xa8
[  337.562007]  [<ffffffff8125868a>] do_sys_poll+0x49a/0x540
[  337.562007]  [<ffffffff817d1878>] ftrace_graph_caller+0xa8/0xa8
[  337.562007]  [<ffffffff810d9c89>] ? update_curr+0x79/0x160
[  337.562007]  [<ffffffff810d706c>] ? __enqueue_entity+0x6c/0x70
[  337.562007]  [<ffffffff810dd01e>] ? enqueue_entity+0x3ae/0xcd0
[  337.562007]  [<ffffffff8121af7e>] ? kmem_cache_alloc+0x1be/0x1d0
[  337.562007]  [<ffffffff813553e7>] ? avc_alloc_node+0x27/0x120
[  337.562007]  [<ffffffff812571b0>] ? poll_select_copy_remaining+0x140/0x140
[  337.562007]  [<ffffffff812571b0>] ? poll_select_copy_remaining+0x140/0x140
[  337.562007]  [<ffffffff810cfe27>] ? try_to_wake_up+0x47/0x3b0
[  337.562007]  [<ffffffff810bd443>] ? insert_work+0x43/0xc0
[  337.562007]  [<ffffffff810bd62a>] ? __queue_work+0x16a/0x460
[  337.562007]  [<ffffffff814e4f4c>] ? random_ioctl+0xdc/0x1b0
[  337.562007]  [<ffffffff814e4b7f>] ? credit_entropy_bits+0x2df/0x350
[  337.562007]  [<ffffffff814e4f4c>] ? random_ioctl+0xdc/0x1b0
[  337.562007]  [<ffffffff81256183>] ? do_vfs_ioctl+0xa3/0x5d0
[  337.562007]  [<ffffffff81258895>] SyS_poll+0xe5/0x130
[  337.562007]  [<ffffffff817cecee>] entry_SYSCALL_64_fastpath+0x12/0x6d
[  337.562007] Code: 8b 44 24 48 48 8b 7c 24 70 48 8b 74 24 68 48 8b 54 24 60 48 8b
4c 24 58 48 8b 44 24 50 48 8b 6c 24 20 48 81 c4 d0 00 00 00 e9 fd <ff> ff ff 80 00 00
00 00 9c 55 ff 74 24 18 55 48 89 e5 ff 74 24
[  337.562007] RIP  [<ffffffff817d1678>] ftrace_stub+0x0/0x8
[  337.562007]  RSP <ffff880042a279c0>
[  338.527736] ---[ end trace 4297442450730790 ]---
```

[2.5] プログラムの動作をトレースする

　原因は不明ですが、「カーネル・パニック」するということは、十中八九 Linux カーネルに問題があるということなので、「カーネル・バージョン」に依存すると考えます。
　そこで、「カーネル」を「バージョンアップ」してみます。
　「Linuxカーネル」についても「yum」および「dnf」コマンドで簡単に更新することができます。
　ここでは、「Linuxカーネル 4.5.5」から「4.7.2」にアップデートできました。

[実行結果]

```
# dnf update kernel
        :
        :
インストール:
  kernel              x86_64      4.7.2-201.fc24      updates     73 k
  kernel-core         x86_64      4.7.2-201.fc24      updates     19 M
  kernel-modules      x86_64      4.7.2-201.fc24      updates     22 M
        :
        :
インストール済み:
  kernel.x86_64 4.7.2-201.fc24              kernel-core.x86_64 4.7.2-201.fc24
  kernel-modules.x86_64 4.7.2-201.fc24

完了しました!

# reboot
# uname -a
Linux localhost.localdomain 4.7.2-201.fc24.x86_64 #1 SMP Fri Aug 26 15:58:40 UTC 2016
x86_64 x86_64 x86_64 GNU/Linux
```

　仕切り直しして、トレースの採取を行ないます。こんどはうまく行きました。

[実行結果]

```
# trace-cmd record -p functinon_graph uname -a
  plugin 'function_graph'
Linux localhost.localdomain 4.7.2-201.fc24.x86_64 #1 SMP Fri Aug 26 15:58:40 UTC 2016
x86_64 x86_64 x86_64 GNU/Linux
CPU 0: 17551 events lost
CPU0 data recorded at offset=0x398000
    3354624 bytes in size

# ls -l
合計 6960
-rw-------. 1 root root    1417  8月 10 22:18 anaconda-ks.cfg
-rw-r--r--. 1 root root 7122944  9月  6 21:34 trace.dat

# trace-cmd report > trace.log
# ls -l
合計 13380
-rw-------. 1 root root    1417  8月 10 22:18 anaconda-ks.cfg
-rw-r--r--. 1 root root 7122944  9月  6 21:34 trace.dat
-rw-r--r--. 1 root root 6570684  9月  6 21:34 trace.log
```

第2章 「ソース・コード」読解のコツ

採取した「トレース・ファイル」(trace.log)の中身は、以下のような感じです。

[実行結果]

```
# less trace.log
cpus=1
CPU:0 [EVENTS DROPPED]
       uname-1421   [000]    196.225808: funcgraph_entry:        0.537 us   |
                                         avtab_search_node();
       uname-1421   [000]    196.225809: funcgraph_entry:                   |
                                         cond_compute_av() {
       uname-1421   [000]    196.225809: funcgraph_entry:        0.197 us   |
                                         avtab_search_node();
       uname-1421   [000]    196.225810: funcgraph_exit:         0.469 us   |
                                         }
       uname-1421   [000]    196.225810: funcgraph_entry:        0.190 us   |
                                         avtab_search_node();
           :
           :
```

「テキスト形式」になっているとはいえ、「膨大な量がある」ことと、「インデントが見づらい」ため、「X Window System」(GNOME)上で動作する「kernelstack」というツールを使うと、グラフィカルにトレースを見ることができます。

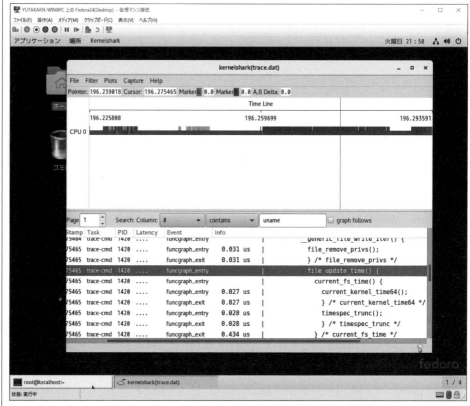

図2.21 kernelstackで見るftraceのトレース情報

● SystemTap

「SystemTap」というのは、「カーネル」内に「自前のスクリプト・コード」を差し込むことができる機能です。

「カーネル」の再構築をすることなく、動作中のカーネルに、任意のタイミングで「スクリプト・コード」を挿入できるのが特徴です。

*

動作中の「カーネル」をトレースするのが目的のツールであり、「スクリプト」を組むことができるので、他のツールと比べて、できることが多く、非常に強力です。

「SystemTap」を使うには、以下に示す必要な「モジュール」をインストールしておく必要があります。

「dnf」コマンドで容易に導入できます。

① SystemTap パッケージ

```
# dnf install systemtap
```

② カーネル開発パッケージ

```
# dnf install kernel-devel
```

期待した「カーネル・バージョン」にならない場合は、下記のように、直接指定します。

```
# dnf install kernel-devel-4.5.5-300.fc24.x86_64
```

③ カーネルの debuginfo

```
# dnf debuginfo-install kernel
```

期待した「カーネル・バージョン」にならない場合は、下記のように直接指定します。

```
# dnf debuginfo-install kernel-debuginfo-4.5.5-300.fc24.x86_64
```

[実行結果]

```
# dnf install systemtap
================================================================================
 Package              アーキテクチャ
                                     バージョン            リポジトリ      容量
================================================================================
インストール:
 boost-atomic         x86_64          1.60.0-7.fc24         updates         48 k
 boost-chrono         x86_64          1.60.0-5.fc24         fedora          54 k
 dyninst              x86_64          9.1.0-5.fc24          updates        3.1 M
 kernel-debug-devel   x86_64          4.7.2-201.fc24        updates         11 M
 libdwarf             x86_64          20160507-1.fc24       fedora         153 k
 systemtap            x86_64          3.0-3.fc24            updates        146 k
 systemtap-client     x86_64          3.0-3.fc24            updates        3.5 M
 systemtap-devel      x86_64          3.0-3.fc24            updates        1.8 M
 systemtap-runtime    x86_64          3.0-3.fc24            updates        394 k
```

第2章 「ソース・コード」読解のコツ

```
    :
インストール済み:
  boost-atomic.x86_64 1.60.0-7.fc24      boost-chrono.x86_64 1.60.0-5.fc24
  dyninst.x86_64 9.1.0-5.fc24            kernel-debug-devel.x86_64 4.7.2-201.fc24
  libdwarf.x86_64 20160507-1.fc24        systemtap.x86_64 3.0-3.fc24
  systemtap-client.x86_64 3.0-3.fc24     systemtap-devel.x86_64 3.0-3.fc24
  systemtap-runtime.x86_64 3.0-3.fc24

完了しました!


# dnf install kernel-devel
================================================================================
 Package              アーキテクチャ
                                  バージョン              リポジトリ      容量
================================================================================
インストール:
 kernel-devel         x86_64       4.5.5-300.fc24         fedora          10 M
    :
インストール済み:
  kernel-devel.x86_64 4.5.5-300.fc24

完了しました!




# dnf debuginfo-install kernel
================================================================================
 Package                          アーキテクチャ
                                              バージョン        リポジトリ       容量
================================================================================
インストール:
 kernel-debuginfo                 x86_64     4.5.5-300.fc24   fedora-debuginfo  476 M
 kernel-debuginfo-common-x86_64   x86_64     4.5.5-300.fc24   fedora-debuginfo   55 M
    :
インストール済み:
  kernel-debuginfo.x86_64 4.5.5-300.fc24
  kernel-debuginfo-common-x86_64.x86_64 4.5.5-300.fc24

完了しました!
```

　準備が整ったら、簡単な「SystemTap」用の「スクリプト」を作って、「SystemTap」の動作確認を行ないます。

　以下に示す「スクリプト・ファイル」(hello.stap)を作成します。

　スクリプト言語の仕様については、下記サイトにドキュメントがあるので、参照願います。

> ・https://sourceware.org/systemtap/

[2.5] プログラムの動作をトレースする

[hello.stap]

```
#! /usr/bin/stap

# 初めてのスクリプトプログラミング

/*
 * スクリプト内で変数をグローバル化する
 */
global n

// スクリプト実行時、最初に呼び出されるプローブポイント。
probe begin {
        n = 2010
        printf("hello, world. (%d)¥n", n)
}

// スクリプト終了時に呼び出されるプローブポイント。
probe end {
        n++
        printf("Goodbye. (%d)¥n", n)
}
```

「stap」コマンドに「スクリプト・ファイル」を指定すると、即座にスクリプトの内容が実行され、動作中にカーネルにスクリプトの内容が差し込まれます。

コマンドの引数に「verbose」オプションを付けると、「コマンド実行の詳細」が出力されるので、「スクリプト」が期待通りに動かない場合に、役立ちます。

[実行結果]

```
# stap -v hello.stap
Pass 1: parsed user script and 122 library scripts using 259316virt/61788res/7368shr/54280data kb, in 290usr/40sys/502real ms.
Pass 2: analyzed script: 2 probes, 0 functions, 0 embeds, 1 global using 261428virt/64164res/7656shr/56392data kb, in 30usr/0sys/48real ms.
Pass 3: translated to C into "/tmp/stapJylitV/stap_2f30de182fa3a014625dad32ff61367b_955_src.c" using 261560virt/64164res/7656shr/56524data kb, in 0usr/0sys/1real ms.
Pass 4: compiled C into "stap_2f30de182fa3a014625dad32ff61367b_955.ko" in 13490usr/2060sys/17615real ms.
Pass 5: starting run.
[ 2126.211631] Kprobes globally unoptimized
[ 2126.224905] stap_2f30de182fa3a014625dad32ff6136_15344: module verification failed: signature and/or required key missing - tainting kernel
hello, world. (2010)


Goodbye. (2011)
Pass 5: run completed in 30usr/120sys/108157real ms.
```

以下に示す「サンプル・プログラム」は、「カーネル」の「タイマ関数」(do_timer())をフック (hook) して、「カーネル」の「スタック・トレース」を出力するものです。
このとき、「カーネル」内で使われている「変数」もあわせて表示させています。

第2章 「ソース・コード」読解のコツ

[sample.stap]

```
#! /usr/bin/stap

global count

probe begin {
    count = 0
}
probe kernel.function("do_timer") {
    printf("ticks %d jffies %d¥n", $ticks, $jiffies_64)
    print_backtrace()
    count++
    if (count >= 1)
        exit()
}
```

「Fedora」で使われている「Linuxカーネル4.5」の実装は、下記のようになっています。

[kernel/time/timekeeping.c]

```
/*
 * Must hold jiffies_lock
 */
void do_timer(unsigned long ticks)
{
        jiffies_64 += ticks;
        calc_global_load(ticks);
}
```

以下に、「SystemTap」の実行例を示します。

*

「SystemTap」を使えば、「変数」の「値」や「スタック・トレース」が分かるため、「Linuxカーネル」の動作を調査するのに、非常に有効です。ぜひ、活用してみてください。

[実行結果]

```
# stap -v sample.stap
Pass 1: parsed user script and 122 library scripts using 259316virt/61988res/7568shr
/54280data kb, in 220usr/20sys/234real ms.
Pass 2: analyzed script: 3 probes, 2 functions, 0 embeds, 1 global using 300752virt/
104276res/8440shr/95716data kb, in 870usr/90sys/3550real ms.
Pass 3: translated to C into "/tmp/stapREV3IV/stap_f9d9ef5d9db0d4a123a8f463c3c874dd_
1698_src.c" using 301404virt/105164res/8760shr/96368data kb, in 330usr/0sys/346real ms.
Pass 4: compiled C into "stap_f9d9ef5d9db0d4a123a8f463c3c874dd_1698.ko" in
7680usr/620sys/9931real ms.
Pass 5: starting run.
ticks 4 jffies 4297011585
 0xffffffff8111a080 : do_timer+0x0/0x20 [kernel]
 0xffffffff81121f71 : tick_do_update_jiffies64+0x71/0xf0 [kernel]
 0xffffffff81122820 : tick_irq_enter+0x70/0xc0 [kernel]
 0xffffffff810aabac : irq_enter+0x6c/0x80 [kernel]
 0xffffffff8104e69f : hyperv_vector_handler+0x1f/0x50 [kernel]
 0xffffffff817d0e4c : hyperv_callback_vector+0x8c/0xa0 [kernel]
Pass 5: run completed in 30usr/130sys/550real ms.
```

第3章
システム・コール

本章では、「Linux カーネル」を学ぶ上での、最初の基本事項である、「システム・コール」について説明します。

第3章 システム・コール

3.1 「カーネル」の「ソース・コード」

本章からは、いよいよ「Linux カーネル」の「実装」を見ていくことになるので、「Linux カーネル」の「ソース・コード」の入手方法を説明しておきます。

■「Linux ディストリビューション」の「SRPM」から取得する

「Fedora」で使われている「Linux カーネル」のソースコードは、「Fedora」の配布先から「SRPM 形式」のファイルで、ダウンロードできます。

> http://ftp.jaist.ac.jp/pub/Linux/Fedora/releases/24/Workstation/source/tree/Packages/k/kernel-4.5.5-300.fc24.src.rpm

「SRPM ファイル」を「Fedora」上で、「rpmbuild コマンド」で「パッケージ構築」することで、オリジナルの「ソース・コード」に、「Fedora」特製の「パッチ」が適用された状態の「ソース・コード」を取得することができます。

この方法は、「操作が簡単」で、「確実」に「Linux ディストリビューション」で使われているものとまったく同じ「ソース・コード」を得ることができます。

ただし、そのためには「Fedora 環境」が必要であるということを留意しておかなくてはなりません。

以下に「コマンド」の「実行結果」を示します。
「SRPM のインストール」と「パッケージ構築」は、一般ユーザーでも実施可能です。

「パッケージ構築」時に、依存関係のあるパッケージが不足している場合は、追加でパッケージを導入する必要があります (root 権限が必要です)。

「カーネル・コンフィグレーション」のファイル「.config」も作られるので、Fedora を構築する際に、どのような設定がなされているのかを確認することもできます。

[実行結果]

```
# rpm -ivh kernel-4.5.5-300.fc24.src.rpm
更新中 / インストール中...
   1:kernel-4.5.5-300.fc24                警告: ユーザー mockbuild は存在し
ません - root を使用します
           :
           :

# ls rpmbuild
BUILD/  BUILDROOT/  RPMS/  SOURCES/  SPECS/  SRPMS/

# rpmbuild -bp SPECS/kernel.spec
エラー: ビルド依存性の失敗:
        audit-libs-devel は kernel-4.5.5-300.fc24.x86_64 に必要とされています
```

・**一般ユーザー**
「スーパーユーザー」(root) ではないユーザーのこと。
「スーパーユーザー」と「一般ユーザー」の違いは、「UID」(User Identifier) が「ゼロ」かどうかである。
「一般ユーザー」は、システムに影響があるファイルやディレクトリにはアクセスができないようになっている。

・**パッケージの依存関係**
1つの RPM パッケージは単体でインストールできるが、インストールには別のパッケージもあわせて導入する必要があることがあり、これを、「パッケージに依存関係がある」という。
たとえば、A というパッケージを導入する際、B と C に依存している場合は、先に B と C をインストールしないと、A がインストールできない。

・**カーネル・コンフィグレーション**
Linux カーネルは豊富な機能がサポートされており、カーネルに必要な機能を選択して、カーネルをビルドできるようになっている。
カーネルのビルド前に行なう選択作業のことを「カーネル・コンフィグレーション」と呼び、選択結果は「.config」というファイルに記録される。

「カーネル・コンフィグレーション」は、C 言語の「プリプロセッサ機能」を利用したものである。

[3.1]「カーネル」の「ソース・コード」

```
            binutils-devel は kernel-4.5.5-300.fc24.x86_64 に必要とされています
            elfutils-devel は kernel-4.5.5-300.fc24.x86_64 に必要とされています
            hmaccalc は kernel-4.5.5-300.fc24.x86_64 に必要とされています
            ncurses-devel は kernel-4.5.5-300.fc24.x86_64 に必要とされています
            newt-devel は kernel-4.5.5-300.fc24.x86_64 に必要とされています
            numactl-devel は kernel-4.5.5-300.fc24.x86_64 に必要とされています
            openssl-devel は kernel-4.5.5-300.fc24.x86_64 に必要とされています
            pciutils-devel は kernel-4.5.5-300.fc24.x86_64 に必要とされています
            perl(ExtUtils::Embed) は kernel-4.5.5-300.fc24.x86_64 に必要とされています
            pesign >= 0.10-4 は kernel-4.5.5-300.fc24.x86_64 に必要とされています
            python-devel は kernel-4.5.5-300.fc24.x86_64 に必要とされています
            xz-devel は kernel-4.5.5-300.fc24.x86_64 に必要とされています
            zlib-devel は kernel-4.5.5-300.fc24.x86_64 に必要とされています

# sudo dnf -y install audit-libs-devel binutils-devel elfutils-devel hmaccalc
    ncurses-devel    newt-devel    numactl-devel    openssl-devel    pciutils-devel
"perl(ExtUtils::Embed)"
 pesign python-devel xz-devel zlib-devel

# rpmbuild -bp SPECS/kernel.spec
実行中(%prep): /bin/sh -e /var/tmp/rpm-tmp.67bY3Z
+ umask 022
+ cd /home/yutaka/rpmbuild/BUILD
+ patch_command='patch -p1 -F1 -s'
++ grep -x -v /home/yutaka/rpmbuild/BUILD/kernel-4.5.fc24
           :
           :

# cd ~/rpmbuild/BUILD/kernel-4.5.fc24/linux-4.5.5-300.fc24.x86_64
# ls -a
./                      config-armv7              include/
../                     config-armv7-generic      init/
.config                 config-armv7-lpae         ipc/
.config.old             config-debug              kernel/
.get_maintainer.ignore  config-generic            lib/
.git/                   config-i686-PAE           merge.pl*
.mailmap                config-local              mm/
.scmversion             config-no-extra           net/
COPYING                 config-nodebug            samples/
CREDITS                 config-powerpc64          scripts/
Documentation/          config-powerpc64-generic  security/
Kbuild                  config-powerpc64le        sound/
Kconfig                 config-powerpc64p7        temp-arm64
MAINTAINERS             config-s390x              temp-armv7
Makefile                config-x86-32-generic     temp-armv7-lpae
README                  config-x86-generic        temp-x86-32
REPORTING-BUGS          config-x86_64-generic     temp-x86-64
arch/                   configs/                  tools/
block/                  crypto/                   usr/
certs/                  drivers/                  virt/
config-arm-generic      firmware/
config-arm64            fs/
```

第3章 システム・コール

■ カーネルの「debuginfo」を導入する

「Linux カーネル」の「デバッグ情報」(debuginfo) を「Fedora」に「インストール」する、という方法もあります。

本来は「デバッグ情報」を導入するのが目的ですが、「ソース・コード」も含まれています。

```
http://ftp.jaist.ac.jp/pub/Linux/Fedora/releases/24/Workstation/x86_64/
debug/tree/Packages/k/kernel-debuginfo-common-x86_64-4.5.5-300.
fc24.x86_64.rpm
```

debuginfo をインストールすると、「/usr/src/debug/kernel-4.5.fc24/linux-4.5.5-300.fc24.x86_64」配下に「ソース・コード」が展開されます。

ただし、「debuginfo」に含まれる「ソース・コード」は、あくまでも「デバッグ」用途であるため、「Linux カーネル」の「全ソース・コード」が含まれているわけではありません。注意願います。

[実行結果]

```
# /usr/src/debug/kernel-4.5.fc24/linux-4.5.5-300.fc24.x86_64
# ls -a
./       block/   drivers/  init/    lib/      security/ virt/
../      certs/   fs/       ipc/     mm/       sound/
arch/    crypto/  include/  kernel/  net/      tools/
```

■ 「本家サイト」からダウンロードする

「Fedora」の「カーネル・バージョン」を調べ、その「バージョン」に合致する「ソース・コード」を、「本家サイト」からダウンロードする方法があります。

厳密には、「Fedora」の「ソース・コード」は必要ないが、同じバージョンの「Linux カーネル」の「ソース・コード」を見たいときは、わざわざ「Fedora」上で「SRPM ファイル」を導入する手間が省けます。

「uname -a」コマンドを実行すると、「カーネル・バージョン」が確認できます。
「4.5.5-300」と出力されているので、「Linux カーネル 4.5.5」に「Fedora」のパッチが適用されて、「EXTRAVERSION(300)」が付与されています。

[実行結果]

```
# uname -a
Linux localhost.localdomain 4.5.5-300.fc24.x86_64 #1 SMP Thu May 19 13:05:32 UTC 2016
x86_64 x86_64 x86_64 GNU/Linux
```

「Linux カーネル」の「ソース・コード」は下記サイトで公開されています。

・デバッグ情報

プログラムをデバッガなどのツールでデバッグする際に、デバッグ情報が必要となる。デバッグ情報は、シンボル、ソースファイル名、行番号などの情報が含まれる。

Linux では debuginfo パッケージとして、全コマンドごとに用意されている。Linux ディストリビューションの ISO イメージファイルには含まれていないため、別途入手する必要がある。

自作プログラムの場合は、cc に -g オプションを付与すると、デバッグ情報を含めることができる。

・uname

「uname」(unix name) コマンドはシステム情報を表示する。主に、カーネルバージョン、プロセッサ種別、ホスト名が確認できる。

ただし、Linux ディストリビューションの名前は確認できないため、「/etc」配下の「*release」ファイルを参照する必要がある。

```
https://www.kernel.org/
https://www.kernel.org/pub/linux/kernel/v4.x/linux-4.5.5.tar.gz (128MB)
https://www.kernel.org/pub/linux/kernel/v4.x/linux-4.5.5.tar.xz (84MB)
```

「ソース・コード」は「tarball」で圧縮されているため、「tarコマンド」で展開します。

展開するだけであれば、「Fedora」は不要で、「Cygwin」や「Windows」上でも展開できます。

なお、「本家Linuxカーネル」の「ソース・コード」は、「カーネル・コンフィグレーション」を行なう前の状態なので、「カーネル・コンフィグレーション」のファイル(.config)は含まれていません。

[実行結果]
```
# tar xf linux-4.5.5.tar.gz
# ls -a linux-4.5.5
./                      Documentation/   arch/        include/   samples/
../                     Kbuild           block/       init/      scripts/
.get_maintainer.ignore  Kconfig          certs/       ipc/       security/
.gitignore              MAINTAINERS      crypto/      kernel/    sound/
.mailmap                Makefile         drivers/     lib/       tools/
COPYING                 README           firmware/    mm/        usr/
CREDITS                 REPORTING-BUGS   fs/          net/       virt/
```

3.2 「システム・コール」の概要

本節では、「ユーザー空間」と「カーネル空間」をつなぐ役目を果たす、「システム・コール」について学んでいきます。

■「システム・コール」とは何か

「システム・コール」(system call)というのは、「アプリケーション」や「ライブラリ」といった、「ユーザー空間」で動作するプログラムから、「カーネルの機能」を呼び出す「仕組み」のことです。

「実体」としては、「プログラムから特定の関数を実行する」ことになります。

つまり、「システム・コール」というのは、「カーネル」の各「機能」を一つずつ「関数化」したものであり、「プログラム」からは、使いたい「関数」を呼び出すことになります。

「プログラム」を作る際に、「機能」を実現するためには、「カーネルの機能」を利用しなければなりません。

たとえば、「printf()」で「画面に文字出力」する場合、「ファイルの読み書き」を行なう場合など、「カーネルの機能」を使わないと実現できないことなのです。

・ユーザー空間とカーネル空間

「アプリケーション」と「カーネル」が動作する「メモリ領域」(空間)を分けて、「アプリケーション・プログラム」が誤動作および暴走しても、他に影響を与えないようにする。

プログラムが不正なメモリアクセスをした場合、プログラムは「セグメンテーション・フォルト」で強制終了させられる。

ただし、カーネルが不具合やハードウェア故障で不正な動作を行なった場合、カーネルは健全に動作できなくなるため、システム停止となる。

そのため、カーネルは、高い品質が求められる。

・システム・コール

システムコール (system call) は、アプリケーションプログラムからカーネルの機能を呼び出す仕組み。

システムコールという名称はIntelが命名したもので、Intelプロセッサの仕様書に記載されている。

・printf

文字列を画面に表示することができる標準関数で、プログラミングを学ぶとき誰もが最初に使う関数。

ただし、プログラムがフォアグラウンドで動作しているときのみにしか出力されない。

プログラムがバックグラウンドで動作しているときは、関数を呼び出しても出力は破棄される。

また、「カーネル空間」では「printf()」は使えず、代わりに「printk()」を使う必要がある。

ただし、単純に四則演算を行なうようなプログラムであれば、「カーネルの機能」は不要です。

厳密に言うと、「プログラム」から単なる「関数コール」で、「カーネルの機能」が実行できるわけではなく、「ソフトウェア割り込み」の「発生」(int 80h) および「専用命令」(sysenter, syscall) を実行させることで、「カーネルの処理」に「移行」することになります。

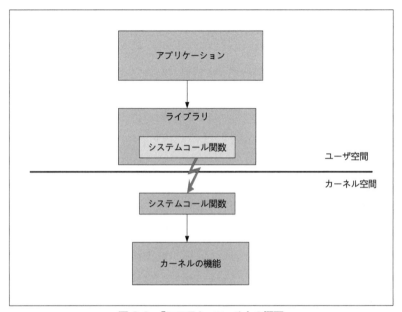

図 3.1 「システム・コール」の概要

■「システム・コール」の定義

「システム・コール」として使える関数は、「man ページ」の「セクション 2」で定義されています。

「man ページ」の各「セクション」の「意味」については、「man man」コマンドで確認できます。

「デフォルト状態」では、「man ページ」が「日本語」(ja_JP.UTF-8) で表示されますが、「原文」(英語) で見たい場合は、コマンドの先頭に「LANG=C」を付けます。

*

「man ページ」の「セクション 3」は、普段よく使う「関数」が定義されていますが、その「関数」の中からは、「セクション 2」で定義されている「関数」、すなわち「システム・コール」を呼び出しているものがあります。

たとえば、「セクション 3」の「exit()」は、内部で「セクション 2」の「_exit()」を呼び出しています。

・LANG=C
「LANG」は言語 (Language) の頭文字。「C」は共通 (Common) の意味。プログラムの実行環境の言語設定を一時的に変更することができる。
「Linux ディストリビューション」のデフォルトの言語設定は、「日本語」になっているが、一時的に英語設定でコマンドを実行したいときに便利。

[3.2]「システム・コール」の概要

[実行結果]

```
# man man
        1
              実行プログラムまたはシェル
              コマンド
        2
              システムコール（カーネルが
              提供する関数）
        3
              ライブラリー呼び出し（プロ
              グラムライブラリーに含まれ
              る関数）
        4
              Special  files  (usually
              found in /dev)
        5
              ファイルの書式と慣習（例：
              /etc/passwd)
        6
              ゲーム
        7
              Miscellaneous (including
              macro   packages   and
              conventions), e.g. man(7),
              groff(7)
        8
              システム管理コマンド（通常
              は root 用）
        9
              カーネルルーチン [非標準]


# LANG=C man man
        1     Executable programs or shell commands
        2     System calls (functions provided by the kernel)
        3     Library calls (functions within program libraries)
        4     Special files (usually found in /dev)
        5     File formats and conventions eg /etc/passwd
        6     Games
        7     Miscellaneous (including macro packages and conventions), e.g.
              man(7), groff(7)
        8     System administration commands (usually only for root)
        9     Kernel routines [Non standard]
```

　実際のところ、「man ページ」の記載は古いため、実態と合っていないところがあります。

　「セクション 2」が「システム・コール」であるという事実は変わりませんが、「man ページ」のセクションは、1〜9 の他に、「1p」や「2x」、「n」なども存在します。

　「すべてのセクション」を確認したい場合は、「/usr/share/man」ディレクトリ配下を見れば分かります。

システム・コール

[実行結果]

```
# pwd
/usr/share/man
# ls -F
ca/   es/   it/      man1/    man2x/   man4/    man6/    man8/    mann/    pt_BR/   tr/
cs/   fr/   ja/      man1p/   man3/    man4x/   man6x/   man8x/   nl/      ru/      uk/
da/   hu/   ko/      man1x/   man3p/   man5/    man7/    man9/    pl/      sk/      zh_CN/
de/   id/   man0p/   man2/    man3x/   man5x/   man7x/   man9x/   pt/      sv/      zh_TW/
```

「セクション2」で定義されている関数は、「/usr/share/man/man2」ディレクトリ配下を見るとよいことも分かります。

たとえば、「_exit.2.gz」という圧縮ファイルは、「システム・コール名」が「_exit」になります。数えてみると、「セクション2」の関数の「manページ」は473個あります。

なお、「manページ」に記載されていない「システム・コール」も存在するので、本当にすべての「システム・コール」を調べたいときは、「Linux カーネル」の「ソース・コード」を確認する必要があります。

[実行結果]

```
# ls -1 man2 | wc -l
473

# ls -F man2
_Exit.2.gz                      inw_p.2.gz                  sched_get_priority_max.2.gz
__clone2.2.gz                   io_cancel.2.gz              sched_get_priority_min.2.gz
_exit.2.gz                      io_destroy.2.gz             sched_getaffinity.2.gz
_llseek.2.gz                    io_getevents.2.gz           sched_getattr.2.gz
_newselect.2.gz                 io_setup.2.gz               sched_getparam.2.gz
_syscall.2.gz                   io_submit.2.gz              sched_getscheduler.2.gz
_sysctl.2.gz                    ioctl.2.gz                  sched_rr_get_interval.2.gz
accept.2.gz                     ioctl_fat.2.gz              sched_setaffinity.2.gz
accept4.2.gz                    ioctl_list.2.gz             sched_setattr.2.gz
access.2.gz                     ioperm.2.gz                 sched_setparam.2.gz
acct.2.gz                       iopl.2.gz                   sched_setscheduler.2.gz
add_key.2.gz                    ioprio_get.2.gz             sched_yield.2.gz
adjtimex.2.gz                   ioprio_set.2.gz             seccomp.2.gz
afs_syscall.2.gz                ipc.2.gz                    security.2.gz
alarm.2.gz                      isastream.2.gz              select.2.gz
alloc_hugepages.2.gz            kcmp.2.gz                   select_tut.2.gz
arch_prctl.2.gz                 kexec_file_load.2.gz        semctl.2.gz
arm_fadvise.2.gz                kexec_load.2.gz             semget.2.gz
arm_fadvise64_64.2.gz           keyctl.2.gz                 semop.2.gz
arm_sync_file_range.2.gz        kill.2.gz                   semtimedop.2.gz
bdflush.2.gz                    killpg.2.gz                 send.2.gz
bind.2.gz                       lchown.2.gz                 sendfile.2.gz
bpf.2.gz                        lchown32.2.gz               sendfile64.2.gz
break.2.gz                      lgetxattr.2.gz              sendmmsg.2.gz
brk.2.gz                        link.2.gz                   sendmsg.2.gz
cacheflush.2.gz                 linkat.2.gz                 sendto.2.gz
capget.2.gz                     listen.2.gz                 set_mempolicy.2.gz
capset.2.gz                     listxattr.2.gz              set_robust_list.2.gz
```

[3.2]「システム・コール」の概要

```
chdir.2.gz                  llistxattr.2.gz              set_thread_area.2.gz
chmod.2.gz                  llseek.2.gz                  set_tid_address.2.gz
chown.2.gz                  lock.2.gz                    setcontext.2.gz
chown32.2.gz                lookup_dcookie.2.gz          setdomainname.2.gz
chroot.2.gz                 lremovexattr.2.gz            setegid.2.gz
clock_getres.2.gz           lseek.2.gz                   seteuid.2.gz
clock_gettime.2.gz          lsetxattr.2.gz               setfsgid.2.gz
clock_nanosleep.2.gz        lstat.2.gz                   setfsgid32.2.gz
clock_settime.2.gz          lstat64.2.gz                 setfsuid.2.gz
clone.2.gz                  madvise.2.gz                 setfsuid32.2.gz
clone2.2.gz                 madvise1.2.gz                setgid.2.gz
close.2.gz                  mbind.2.gz                   setgid32.2.gz
connect.2.gz                membarrier.2.gz              setgroups.2.gz
creat.2.gz                  memfd_create.2.gz            setgroups32.2.gz
create_module.2.gz          migrate_pages.2.gz           sethostid.2.gz
delete_module.2.gz          mincore.2.gz                 sethostname.2.gz
dup.2.gz                    mkdir.2.gz                   setitimer.2.gz
dup2.2.gz                   mkdirat.2.gz                 setns.2.gz
dup3.2.gz                   mknod.2.gz                   setpgid.2.gz
epoll_create.2.gz           mknodat.2.gz                 setpgrp.2.gz
epoll_create1.2.gz          mlock.2.gz                   setpriority.2.gz
epoll_ctl.2.gz              mlock2.2.gz                  setregid.2.gz
epoll_pwait.2.gz            mlockall.2.gz                setregid32.2.gz
epoll_wait.2.gz             mmap.2.gz                    setresgid.2.gz
eventfd.2.gz                mmap2.2.gz                   setresgid32.2.gz
eventfd2.2.gz               modify_ldt.2.gz              setresuid.2.gz
execve.2.gz                 mount.2.gz                   setresuid32.2.gz
execveat.2.gz               move_pages.2.gz              setreuid.2.gz
exit.2.gz                   mprotect.2.gz                setreuid32.2.gz
exit_group.2.gz             mpx.2.gz                     setrlimit.2.gz
faccessat.2.gz              mq_getsetattr.2.gz           setsid.2.gz
fadvise64.2.gz              mq_notify.2.gz               setsockopt.2.gz
fadvise64_64.2.gz           mq_open.2.gz                 settimeofday.2.gz
fallocate.2.gz              mq_timedreceive.2.gz         setuid.2.gz
fanotify_init.2.gz          mq_timedsend.2.gz            setuid32.2.gz
fanotify_mark.2.gz          mq_unlink.2.gz               setup.2.gz
fattach.2.gz                mremap.2.gz                  setxattr.2.gz
fchdir.2.gz                 msgctl.2.gz                  sgetmask.2.gz
fchmod.2.gz                 msgget.2.gz                  shmat.2.gz
fchmodat.2.gz               msgop.2.gz                   shmctl.2.gz
fchown.2.gz                 msgrcv.2.gz                  shmdt.2.gz
fchown32.2.gz               msgsnd.2.gz                  shmget.2.gz
fchownat.2.gz               msync.2.gz                   shmop.2.gz
fcntl.2.gz                  munlock.2.gz                 shutdown.2.gz
fcntl64.2.gz                munlockall.2.gz              sigaction.2.gz
fdatasync.2.gz              munmap.2.gz                  sigaltstack.2.gz
fdetach.2.gz                name_to_handle_at.2.gz       signal.2.gz
fgetxattr.2.gz              nanosleep.2.gz               signalfd.2.gz
finit_module.2.gz           newfstatat.2.gz              signalfd4.2.gz
flistxattr.2.gz             nfsservctl.2.gz              sigpending.2.gz
flock.2.gz                  nice.2.gz                    sigprocmask.2.gz
fork.2.gz                   oldfstat.2.gz                sigqueue.2.gz
free_hugepages.2.gz         oldlstat.2.gz                sigreturn.2.gz
fremovexattr.2.gz           oldolduname.2.gz             sigsuspend.2.gz
fsetxattr.2.gz              oldstat.2.gz                 sigtimedwait.2.gz
fstat.2.gz                  olduname.2.gz                sigwaitinfo.2.gz
fstat64.2.gz                open.2.gz                    socket.2.gz
fstatat.2.gz                open_by_handle_at.2.gz       socketcall.2.gz
fstatat64.2.gz              openat.2.gz                  socketpair.2.gz
fstatfs.2.gz                outb.2.gz                    splice.2.gz
fstatfs64.2.gz              outb_p.2.gz                  spu_create.2.gz
```

第3章 システム・コール

```
fstatvfs.2.gz              outl.2.gz                  spu_run.2.gz
fsync.2.gz                 outl_p.2.gz                ssetmask.2.gz
ftruncate.2.gz             outsb.2.gz                 stat.2.gz
ftruncate64.2.gz           outsl.2.gz                 stat64.2.gz
futex.2.gz                 outsw.2.gz                 statfs.2.gz
futimesat.2.gz             outw.2.gz                  statfs64.2.gz
get_kernel_syms.2.gz       outw_p.2.gz                statvfs.2.gz
get_mempolicy.2.gz         pause.2.gz                 stime.2.gz
get_robust_list.2.gz       perf_event_open.2.gz       stty.2.gz
get_thread_area.2.gz       perfmonctl.2.gz            subpage_prot.2.gz
getcontext.2.gz            personality.2.gz           swapcontext.2.gz
getcpu.2.gz                phys.2.gz                  swapoff.2.gz
getcwd.2.gz                pipe.2.gz                  swapon.2.gz
getdents.2.gz              pipe2.2.gz                 symlink.2.gz
getdents64.2.gz            pivot_root.2.gz            symlinkat.2.gz
getdomainname.2.gz         poll.2.gz                  sync.2.gz
getdtablesize.2.gz         posix_fadvise.2.gz         sync_file_range.2.gz
getegid.2.gz               ppoll.2.gz                 sync_file_range2.2.gz
getegid32.2.gz             prctl.2.gz                 syncfs.2.gz
geteuid.2.gz               pread.2.gz                 syscall.2.gz
geteuid32.2.gz             pread64.2.gz               syscalls.2.gz
getgid.2.gz                preadv.2.gz                sysctl.2.gz
getgid32.2.gz              prlimit.2.gz               sysfs.2.gz
getgroups.2.gz             prlimit64.2.gz             sysinfo.2.gz
getgroups32.2.gz           process_vm_readv.2.gz      syslog.2.gz
gethostid.2.gz             process_vm_writev.2.gz     tee.2.gz
gethostname.2.gz           prof.2.gz                  tgkill.2.gz
getitimer.2.gz             pselect.2.gz               time.2.gz
getmsg.2.gz                pselect6.2.gz              timer_create.2.gz
getpagesize.2.gz           ptrace.2.gz                timer_delete.2.gz
getpeername.2.gz           putmsg.2.gz                timer_getoverrun.2.gz
getpgid.2.gz               putpmsg.2.gz               timer_gettime.2.gz
getpgrp.2.gz               pwrite.2.gz                timer_settime.2.gz
getpid.2.gz                pwrite64.2.gz              timerfd_create.2.gz
getpmsg.2.gz               pwritev.2.gz               timerfd_gettime.2.gz
getppid.2.gz               query_module.2.gz          timerfd_settime.2.gz
getpriority.2.gz           quotactl.2.gz              times.2.gz
getrandom.2.gz             read.2.gz                  tkill.2.gz
getresgid.2.gz             readahead.2.gz             truncate.2.gz
getresgid32.2.gz           readdir.2.gz               truncate64.2.gz
getresuid.2.gz             readlink.2.gz              tuxcall.2.gz
getresuid32.2.gz           readlinkat.2.gz            ugetrlimit.2.gz
getrlimit.2.gz             readv.2.gz                 umask.2.gz
getrusage.2.gz             reboot.2.gz                umount.2.gz
getsid.2.gz                recv.2.gz                  umount2.2.gz
getsockname.2.gz           recvfrom.2.gz              uname.2.gz
getsockopt.2.gz            recvmmsg.2.gz              unimplemented.2.gz
gettid.2.gz                recvmsg.2.gz               unlink.2.gz
gettimeofday.2.gz          remap_file_pages.2.gz      unlinkat.2.gz
getuid.2.gz                removexattr.2.gz           unshare.2.gz
getuid32.2.gz              rename.2.gz                uselib.2.gz
getunwind.2.gz             renameat.2.gz              ustat.2.gz
getxattr.2.gz              renameat2.2.gz             utime.2.gz
gtty.2.gz                  request_key.2.gz           utimensat.2.gz
idle.2.gz                  restart_syscall.2.gz       utimes.2.gz
inb.2.gz                   rmdir.2.gz                 vfork.2.gz
inb_p.2.gz                 rt_sigaction.2.gz          vhangup.2.gz
init_module.2.gz           rt_sigpending.2.gz         vm86.2.gz
inl.2.gz                   rt_sigprocmask.2.gz        vm86old.2.gz
inl_p.2.gz                 rt_sigqueueinfo.2.gz       vmsplice.2.gz
inotify_add_watch.2.gz     rt_sigreturn.2.gz          vserver.2.gz
```

[3.2]「システム・コール」の概要

```
inotify_init.2.gz          rt_sigsuspend.2.gz           wait.2.gz
inotify_init1.2.gz         rt_sigtimedwait.2.gz         wait3.2.gz
inotify_rm_watch.2.gz      rt_tgsigqueueinfo.2.gz       wait4.2.gz
insb.2.gz                  rtas.2.gz                    waitid.2.gz
insl.2.gz                  s390_pci_mmio_read.2.gz      waitpid.2.gz
insw.2.gz                  s390_pci_mmio_write.2.gz     write.2.gz
intro.2.gz                 s390_runtime_instr.2.gz      writev.2.gz
inw.2.gz                   sbrk.2.gz
```

■「ユーザー空間」と「カーネル空間」

なぜ、「プログラム」から「カーネルの機能」を呼び出すために、「システム・コール」という面倒な手続きが必要なのでしょうか。

「Linux カーネル」も「C 言語」で実装されているわけですから、同じ「C 言語」で記述されたプログラムからも、直接呼び出せそうな感じがします。

この疑問を解決するには、「ユーザー空間」と「カーネル空間」の存在と、違いを理解する必要があります。

●「空間」の違いがない、「一枚岩」のプログラム

特に、「ユーザー空間」や「カーネル空間」といった「空間」の違いを意識する必要がない「プログラム」の「動作環境」が存在します。

20年ほど前に主流だった「MS-DOS」は、「ユーザーが作ったプログラム」と「オペレーティング・システム」が、「同一メモリ空間」で動作していました。
そのため、「プログラム」が「誤動作」し、「システムごと暴走」することがよくありました。

*

また、「組み込み」分野で使われる「リアルタイム OS」に関しても、同じ分類に含まれます。
現在、「パソコン」や「スマホ」ではありませんが、「組み込み分野」では有り得ます。

理由としては、「プログラムの実行速度を保証するため」です。
たとえば、「エレベータの緊急ボタン」は、「人がボタンを押し」て、「即座に反応」し、「エレベータという装置を制御」する必要があります。なぜならば、「人命に関わる」からです。

「すべてのプログラム」を「同一メモリ空間で動作」させることで、「システム・コール」という特殊な手段も必要がなく、「プログラム」の「リアルタイム性」を担保することができるのです。

*

・一枚岩
「一枚岩」とは「モノリス」(monolith) のことで、単一の大きな岩のことで、建築学用語。
カーネル空間で動作するプログラム群のことを指すときに、この用語を使うことがある。
カーネル内部では、1 つのメモリ領域上で、多数の処理が一体となって動作するため、1 つの処理が誤動作すると、他に甚大に影響を及ぼす可能性がある。
「一枚岩」で動作するカーネルのことを「モノリシック・カーネル」(Monolithic kernel) と呼ぶ。

・MS-DOS
「MS-DOS」(Microsoft Disk Operating System) は、Microsoft がかつて開発および販売していた OS。
Windows が登場する以前は、パソコンの OS として主流だった。
OS の容量が少ないため、市販ソフトに同梱されており、別途 OS を購入せずとも市販ソフトの起動ができていた。
Windows 95 や 98 あたりまでは、最初に MS-DOS が起動していたが、Windows 2000 からは完全に MS-DOS がなくなった。

・リアルタイム OS
最近では「組み込み機器」に Linux が採用されることは定番となっているが、組み込み Linux が登場する以前は、「RTOS」(Real-time operating system) が主流だった。
RTOS は多種類存在するが、「ITRON」や「VxWorks」などが代表的。

第3章 システム・コール

「リアルタイム性」が得られる反面、「プログラムのデバッグが大変」という欠点があります。

「MS-DOS」と同じで、作った「プログラムが誤動作」すると、場合によっては「OS」ごと「フリーズ」してしまうことがあります。
特に「メモリ破壊」を起こす不具合があった場合です。

「プログラム」をテストしていると、突然「フリーズ」するので、なかなかプログラムの「トレース」を採取することも難しく、再現性も低いとなると、「デバッグ」は困難を極めます。

「リアルタイム性」が求められる案件は、ちょっとした不具合も許されないところが多いので、「バグ・ゼロ」にするつもりで製品開発をする必要があり、エンジニアの苦労が忍ばれるところです。

*

「Linuxカーネル」の「本家」で開発されている物件については、「ユーザー空間」と「カーネル空間」の存在がありますが、「本家」から「フォーク」(分家)したプロジェクトには、「空間の違い」をなくし、「リアルタイム性」を追求した「Linux」も存在します。

代表的なところでは、「Linux」では、「μClinux」(マイクロ・シー・リナックス)が定番です(下記サイト参照)。

【Embedded Linux/Microcontroller Project】

http://www.uclinux.org/

「ユーザーが作るプログラム」と「カーネル」が「同一空間」で動作する場合は、「プログラム」から「カーネルの機能」を直接呼び出すことができるため、「システム・コール」という仕組みは不要となります。

●「ユーザー空間」と「カーネル空間」の存在があるプログラム

通常、Linuxに限らず、「オペレーティング・システム」は、「アプリケーション」と「ライブラリ」を「ユーザー空間」と呼ばれる「仮想メモリ」上で動かします。
「カーネル」と「デバイス・ドライバ」は、「カーネル空間」と呼ばれる「物理メモリ」上で動かします。

「ユーザーが作るプログラム」と「カーネル」が「別々の空間」で動作するため、「プログラム」からは、直接「カーネルの機能」を呼び出すことはできません。
そのため、「システム・コール」という、特殊な仕組みを利用することになります。

*

なぜ、「同じプログラム」なのに、わざわざ「メモリ領域」を分けて管理するのかというと、「オペレーティング・システム」の「堅牢性」を担保するためです。

・**フリーズ**
「フリーズ」(freeze)とは、プログラムが固まってしまい、ユーザーからの操作を一切受け付けなくなる状態のこと。
「アプリケーション・プログラム」の場合はkillすれば強制終了させることができるが、カーネルの場合はマシンの電源を落とすしかない。「ホルト」(halt)や「ストール」(stall)という言い方をする場合もある。

・**フォーク**
「フォーク」(fork)とは、「子プロセス」を生成するシステムコールの名称だが、1つの開発プロジェクトから開発メンバーの一部が脱退して、同様のプロジェクトを立ち上げることを指すことにも使われる。

「本家」に対する「分家」という呼び方をする場合もある。有名なところでは、「OpenOffice」からフォークした「LibreOffice」がある。

フォークという現象が発生する原因はさまざまだが、開発メンバー同士の意見が合わずに、コミュニケーションがうまく行かなくなり、分裂することが多い。

[3.2]「システム・コール」の概要

　Linuxを始めとする一般的な「オペレーティング・システム」は、昔と違って、「安定性」が「必須条件」として求められています。

　昨今の「インターネット・サービス」は、24時間365日連続稼働が当たり前で、「サーバOS」が頻繁に落ちるようなことがあってはなりません。大規模な障害に発展すると、社会問題となり、新聞の一面に載ってしまいます。

　組み込み機器(デジタルテレビ・スマホ・カーナビなど)においても、24時間連続使用が前提であり、機器を操作中に頻繁に操作不能になるようでは、ユーザーが困ります。

　「オペレーティング・システム」の堅牢性を上げるためには、「ユーザーが作ったプログラム」と「カーネル」を「同じメモリ領域」に配置しないようにすることで、仮に「ユーザーのプログラムが暴走」しても、「カーネル」は「健全に動作を継続」することができます。
　このような仕組みのことを、「仮想メモリ」と呼びます。

＊

　「仮想メモリ」を利用することで、「プログラム」が「不正なメモリアクセス」や「不正な命令」を実行すると、そのプログラムを「強制終了」させるのみとして、「他のプログラム」や「カーネル」には「影響を与えない」ようになります。

　「仮想メモリ」は、「プロセッサ」(CPU)と「カーネル」の実装によって実現されている仕組みで、「Linux」は初期のころからサポートしています。
　「プロセッサ」がもつこの機能をことを、「MMU」(Memory Management Unit)と言います。

| ユーザー空間＝プログラムを「仮想メモリ領域」で動作させる空間 |
| カーネル空間＝プログラムを「物理メモリ領域」で動作させる空間 |

　「カーネル」や「デバイス・ドライバ」は、保護対象ではないため、「仮想メモリ」という仕組みは適用されず、「物理メモリ」領域で一枚岩で動作します。
　厳密には、「仮想メモリ機構」は使っているのですが、「仮想メモリ」アドレスと「物理メモリ」アドレスが同一になっています(「ストレート・マッピング」と言います)。
　そのため、「カーネル」や「デバイス・ドライバ」に致命的な不具合があった場合、「オペレーティング・システム」ごとクラッシュします。

　「Linux」に関しては、「カーネル」は「本家」で開発されていますが、「デバイス・ドライバ」に関しては「ベンダー」が作ることが一般的です。そのため、「ソース・コード」が開示されない「デバイス・ドライバ」は、「本家」に取り込まれることはありません。つまり、「本家」には、ライセンスが「GPL」である「デバイス・ドライバ」しか取り込まれません。

- **プロセッサ**
　プロセッサ(Processor)とは、CPU(Central Processing Unit)のこと。
　コンピュータにはかならずCPUが1つ以上搭載される。
　CPUという物理的な単位ではソケット(socket)と呼び、CPUのコア(core)とは別称。
　「ハイパー・スレッディング」が有効の場合、1つのコアが2倍になるため、OS見えの総CPU数のことを「論理プロセッサ」と呼ぶ。

なぜなら、「ソース・コード」がないと「メンテナンス」ができないからです。

「カーネル空間」では、「カーネル」は「デバイス・ドライバ」と共に動くため、プログラムの品質が重要課題です。

■ メモリの使い方

「仮想メモリ」の話が出てきたので、実際に「メモリ」をどのように使い分けているかについて説明します。

＊

「プロセッサ」(CPU)が「32bit」か「64bit」かで、「メモリの管理方法」が異なります。

●「32bit」プロセッサの場合

「プロセッサ」が「32bit」であるということは、「プログラム」が扱える「メモリ領域」が「32ビット幅」になる、ということで、「0x0000_0000」から「0xFFFF_FFFF」までの範囲になります。

「1GB=1024×1024×1024」であるため、「1073741824」であり、16進数では「40000000」になります。

```
    1GB = 0x4000_0000
    2GB = 0x8000_0000
    3GB = 0xC000_0000
    4GB = 0x1_0000_0000
```

「Linux(x86)」の場合、「ユーザー空間」が「3GB」で、「カーネル空間」が「1GB」に割り当てられています。

```
    ユーザー空間 = 0x0000_0000 ～ 0xBFFF_FFFF (3GB)
    カーネル空間 = 0xC000_0000 ～ 0xFFFF_FFFF (1GB)
```

「カーネル空間」がどの「アドレス」から始まるかは、「カーネル」の「ソース・コード」で定義されている「PAGE_OFFSET」マクロを見ると分かります。

実装を追っていくと、「CONFIG_PAGE_OFFSET」というマクロに行き着きますが、このマクロで検索しても、どこにも定義箇所を見つけることはできません。なぜなら、実体が「.config」という「コンフィグレーション・ファイル」になるからです。

「コンフィグレーション・ファイル」を作る元となるのが、「Kconfig」ファイルなので、選択肢がいくつあるのかを確認することができます。

[3.2]「システム・コール」の概要

[arch/x86/include/asm/page_types.h]

```
#define PAGE_OFFSET              ((unsigned long)__PAGE_OFFSET)
```

[arch/x86/include/asm/page_32_types.h]

```
/*
 * This handles the memory map.
 *
 * A __PAGE_OFFSET of 0xC0000000 means that the kernel has
 * a virtual address space of one gigabyte, which limits the
 * amount of physical memory you can use to about 950MB.
 *
 * If you want more physical memory than this then see the CONFIG_HIGHMEM4G
 * and CONFIG_HIGHMEM64G options in the kernel configuration.
 */
#define __PAGE_OFFSET            _AC(CONFIG_PAGE_OFFSET, UL)
```

[arch/x86/Kconfig]

```
config PAGE_OFFSET
        hex
        default 0xB0000000 if VMSPLIT_3G_OPT
        default 0x80000000 if VMSPLIT_2G
        default 0x78000000 if VMSPLIT_2G_OPT
        default 0x40000000 if VMSPLIT_1G
        default 0xC0000000
        depends on X86_32
```

● 「64bit」プロセッサの場合

「プロセッサ」が「64bit」になると、「32bit」と比べて、「メモリ領域のビット幅」が「2倍」に拡張されます。

「メモリ・アドレス」の範囲は、「0x0000_0000_0000_0000」から「0xFFFF_FFFF_FFFF_FFFF」までになります。

「1TB」は1024GB、「1PB」は1024TB、「1EB」は1024PBです。
つまり、「64ビット」になることで、「16EB」（エクサバイト）までメモリ領域を扱えることになります。

```
   1GB =    0x0000_0000_4000_0000
   4GB =    0x0000_0001_0000_0000
   8GB =    0x0000_0002_0000_0000
   1TB =    0x0000_0100_0000_0000
   8TB =    0x0000_0800_0000_0000
   1PB =    0x0004_0000_0000_0000
   1EB =    0x1000_0000_0000_0000
  16EB =    0x1_0000_0000_0000_0000
```

「Linux(x86_64)」の場合、「ユーザー空間」が「8TB」で、「カーネル空間」が「8TB」に割り当てられています。

第3章 システム・コール

「64bit」の全領域を使っているわけではなく、未使用領域があります。

> ユーザー空間 = 0x0000_0000_0000_0000 〜 0x0000_7FFF_FFFF_FFFF (8TB)
> カーネル空間 = 0xFFFF_8000_0000_0000 〜 0xFFFF_FFFF_FFFF_FFFF (8TB)

「カーネル空間」がどのアドレスから始まるかは、「カーネル」の「ソース・コード」で定義されている「PAGE_OFFSET」マクロを見ると分かります。

[arch/x86/include/asm/page_64_types.h]

```
/*
 * Set __PAGE_OFFSET to the most negative possible address +
 * PGDIR_SIZE*16 (pgd slot 272).  The gap is to allow a space for a
 * hypervisor to fit.  Choosing 16 slots here is arbitrary, but it's
 * what Xen requires.
 */
#define __PAGE_OFFSET           _AC(0xffff880000000000, UL)
```

- **メモリ・ホール**
「メモリ・ホール」(Memory hole)は、メモリ領域の中で実際には使用していない範囲のこと。

メモリ空間が4GB(32bit)だったとしても、隙間なく4GBすべてが使用されることはなく、ハードウェアの制約から、隙間ができる。

「メモリ空間」の「割り当て」の詳細は、「Documentation/x86/x86_64/mm.txt」に記載があります。

「hole」というのは「メモリ・ホール」のことで、「未使用」であることを表わします。

[Documentation/x86/x86_64/mm.txt]

```
0000000000000000 - 00007fffffffffff (=47 bits) user space, different per mm
hole caused by [48:63] sign extension
ffff800000000000 - ffff87ffffffffff (=43 bits) guard hole, reserved for hypervisor
ffff880000000000 - ffffc7ffffffffff (=64 TB) direct mapping of all phys. memory
ffffc80000000000 - ffffc8ffffffffff (=40 bits) hole
ffffc90000000000 - ffffe8ffffffffff (=45 bits) vmalloc/ioremap space
ffffe90000000000 - ffffe9ffffffffff (=40 bits) hole
ffffea0000000000 - ffffeaffffffffff (=40 bits) virtual memory map (1TB)
... unused hole ...
ffffec0000000000 - fffffc0000000000 (=44 bits) kasan shadow memory (16TB)
... unused hole ...
ffffff0000000000 - ffffff7fffffffff (=39 bits) %esp fixup stacks
... unused hole ...
ffffffff80000000 - ffffffffa0000000 (=512 MB)  kernel text mapping, from phys 0
ffffffffa0000000 - ffffffffff5fffff (=1525 MB) module mapping space
ffffffffff600000 - ffffffffffdfffff (=8 MB) vsyscalls
ffffffffffe00000 - ffffffffffffffff (=2 MB) unused hole
```

3.3 「システム・コール」の実装

本節では、実際に「サンプル・プログラム」を作り、動かしながら、「アプリケーション」と「ライブラリ」「カーネル」の動作を見ていきます。

■「プログラムの動作」を「トレース」する

「サンプル・プログラム」を以下に示します。

「gettimeofday()」を使って、「現在時刻」を「秒数」で取得し、「printf()」で画面に表示するプログラムです。

このプログラムでは2つの関数を呼び出していますが、「gettimeofday()」のほうに着目していきます。

[syscall_test.c]

```
#include <stdio.h>
#include <sys/time.h>

int main(void)
{
        struct timeval tv;

        if (gettimeofday(&tv, NULL) == 0) {
                printf("%u seconds %u microseconds\n", tv.tv_sec,
tv.tv_usec);
        }

        return 0;
}
```

[実行結果]

```
# cc -g syscall_test.c
# ./a.out
1473593474 seconds 695584 microseconds
```

「strace コマンド」を使って、プログラムがどのような「システム・コール」を呼び出しているのかを調べます。

「gettimeofday()」を「man ページ」で見ると、「セクション2」に記述されているため、「システムコール名」はそのまま「gettimeofday」になるはずです。

「実行結果」を見ると、いろいろと表示されていますが、最後のほうで、

```
    gettimeofday({1473592400, 415423}, NULL) = 0
```

と出力されている箇所が、「gettimeofday()」の「システム・コール」を呼び出しているところになります。

第3章 システム・コール

「関数」の「返値」が「0」であることも分かります。
ちなみに、「printf()」自体は「システム・コール」ではないため、「write()」に変換されています。

[実行結果]

```
# strace ./a.out
execve("./a.out", ["./a.out"], [/* 34 vars */]) = 0
brk(NULL)                               = 0xec1000
mmap(NULL, 4096, PROT_READ|PROT_WRITE, MAP_PRIVATE|MAP_ANONYMOUS, -1, 0) = 0x7fe1b2099000
access("/etc/ld.so.preload", R_OK)      = -1 ENOENT (No such file or directory)
open("/etc/ld.so.cache", O_RDONLY|O_CLOEXEC) = 3
fstat(3, {st_mode=S_IFREG|0644, st_size=92960, ...}) = 0
mmap(NULL, 92960, PROT_READ, MAP_PRIVATE, 3, 0) = 0x7fe1b2082000
close(3)                                = 0
open("/lib64/libc.so.6", O_RDONLY|O_CLOEXEC) = 3
read(3, "\177ELF\2\1\1\3\0\0\0\0\0\0\0\0\3\0>\0\1\0\0\0P\10\2\0\0\0\0\0"..., 832) = 832
fstat(3, {st_mode=S_IFREG|0755, st_size=2093616, ...}) = 0
mmap(NULL, 3942752, PROT_READ|PROT_EXEC, MAP_PRIVATE|MAP_DENYWRITE, 3, 0) = 0x7fe1b1ab4000
mprotect(0x7fe1b1c6d000, 2097152, PROT_NONE) = 0
mmap(0x7fe1b1e6d000,   24576,   PROT_READ|PROT_WRITE,   MAP_PRIVATE|MAP_FIXED|MAP_
DENYWRITE, 3, 0x1b9000) = 0x7fe1b1e6d000
mmap(0x7fe1b1e73000,   14688,   PROT_READ|PROT_WRITE,   MAP_PRIVATE|MAP_FIXED|MAP_
ANONYMOUS, -1, 0) = 0x7fe1b1e73000
close(3)                                = 0
mmap(NULL, 4096, PROT_READ|PROT_WRITE, MAP_PRIVATE|MAP_ANONYMOUS, -1, 0) = 0x7fe1b2081000
mmap(NULL, 4096, PROT_READ|PROT_WRITE, MAP_PRIVATE|MAP_ANONYMOUS, -1, 0) = 0x7fe1b2080000
mmap(NULL, 4096, PROT_READ|PROT_WRITE, MAP_PRIVATE|MAP_ANONYMOUS, -1, 0) = 0x7fe1b207f000
arch_prctl(ARCH_SET_FS, 0x7fe1b2080700) = 0
mprotect(0x7fe1b1e6d000, 16384, PROT_READ) = 0
mprotect(0x600000, 4096, PROT_READ)     = 0
mprotect(0x7fe1b209a000, 4096, PROT_READ) = 0
munmap(0x7fe1b2082000, 92960)           = 0
gettimeofday({1473592400, 415423}, NULL) = 0
fstat(1, {st_mode=S_IFCHR|0620, st_rdev=makedev(136, 0), ...}) = 0
brk(NULL)                               = 0xec1000
brk(0xee2000)                           = 0xee2000
brk(NULL)                               = 0xee2000
write(1, "1473592400 seconds 415423 micros"..., 391473592400 seconds 415423 microseconds
) = 39
exit_group(0)                           = ?
+++ exited with 0 +++
```

*

次に、ライブラリ「glibc」の動作を確認します。

「glibc」の「ソース・コード」は非常に複雑なので、どのあたりの処理が呼び出されているか「デバッガ」で確認したほうが手っ取り早いです。
「ライブラリ」内における、「gettimeofday()」の実体は「sysdeps/unix/sysv/linux/x86/gettimeofday.c」あたりにあることが読み取れます。

[3.3]「システム・コール」の実装

[実行結果]

```
# gdb -q ./a.out
Reading symbols from ./a.out...done.
(gdb) b main
Breakpoint 1 at 0x40057e: file syscall_test.c, line 8.
(gdb) run
Starting program: /home/yutaka/src/a.out

Breakpoint 1, main () at syscall_test.c:8
8             if (gettimeofday(&tv, NULL) == 0) {
(gdb) s
_dl_vdso_vsym (name=name@entry=0x7ffff7ba06c5 "__vdso_gettimeofday",
    vers=vers@entry=0x7fffffffe0b0) at ../sysdeps/unix/sysv/linux/dl-vdso.c:27
27          struct link_map *map = GLRO (dl_sysinfo_map);
(gdb) bt
#0  _dl_vdso_vsym (name=name@entry=0x7ffff7ba06c5 "__vdso_gettimeofday",
    vers=vers@entry=0x7fffffffe0b0) at ../sysdeps/unix/sysv/linux/dl-vdso.c:27
#1  0x00007ffff7ace887 in __gettimeofday ()
    at ../sysdeps/unix/sysv/linux/x86/gettimeofday.c:40
#2  0x00007ffff7de82c2 in elf_ifunc_invoke (addr=<optimized out>)
    at ../sysdeps/x86_64/dl-irel.h:32
#3  _dl_fixup (l=<optimized out>, reloc_arg=<optimized out>)
    at ../elf/dl-runtime.c:142
#4  0x00007ffff7defb13 in _dl_runtime_resolve_avx ()
    at ../sysdeps/x86_64/dl-trampoline.h:112
```

*

最後に、「カーネル」の動作を確認します。

「Linux カーネル」側の「システム・コール」の名前は、「sys_ システムコール名」という命名規則になっていることを知っておく必要があります。

つまり、「gettimeofday()」の場合は、「sys_gettimeofday()」という「カーネル関数」が呼び出されることになります。

「/proc/kallsyms」を見ることで、「Linux カーネル」が認識している「関数名」(シンボル名)を参照することができます。

・**シンボル**

シンボル (Symbol) とは、外部に見せている関数やグローバル変数のことを指す。
自プログラム内には関数や変数が実体が存在せず、参照するものも含む。static 宣言しているものやローカル変数は、外部から見えないので、シンボルには含まれない。

[実行結果]

```
# cat /proc/kallsyms | grep gettimeof
ffffffff8110ed70 T SyS_gettimeofday
ffffffff8110ed70 T sys_gettimeofday
ffffffff81119040 T do_gettimeofday
ffffffff81133b50 T compat_SyS_gettimeofday
ffffffff81133b50 T compat_sys_gettimeofday
ffffffff81b288d0 R __ksymtab_do_gettimeofday
ffffffff81b482dc r __kstrtab_do_gettimeofday
ffffffff81c59ce0 d event_exit__gettimeofday
ffffffff81c59d80 d event_enter__gettimeofday
ffffffff81c59e20 d __syscall_meta__gettimeofday
ffffffff81c59e60 d args__gettimeofday
ffffffff81c59e70 d types__gettimeofday
ffffffff81eb39f0 t __event_exit__gettimeofday
ffffffff81eb39f8 t __event_enter__gettimeofday
ffffffff81eb5cc0 t __p_syscall_meta__gettimeofday
```

第3章 システム・コール

＊

実際に「SystemTap」で呼び出されているか、確認します。

[syscall_test.stap]

```
#! /usr/bin/stap

global count

probe begin {
    count = 0
}
probe kernel.function("sys_gettimeofday") {
        if (execname() == "a.out") {
                printf("PID %d tv %p tz %p¥n", pid(), tv, tz)
                print_backtrace()
        }
}
```

[実行結果]

```
# sudo stap -v syscall_test.stap
PID 35261 tv 0x0 tz 0x0
 0xffffffff8110ed70 : sys_gettimeofday+0x0/0x90 [kernel]
 0xffffffff817cecee : entry_SYSCALL_64_fastpath+0x12/0x6d [kernel]
```

■「ソース・コード」を確認する

　前節での調査結果を参考にしながら、それぞれの「ソース・コード」を見ていきます。

●「システム・コール」の定義

　「アプリケーション・プログラム」から「gettimeofday()」を呼び出しており、この関数は「man ページ」の「セクション 2」に定義されているため、「システム・コール」そのものであることが分かります。

＊

　念のため、「Linux カーネル」の実装についても確認しておきます。

　「Linux カーネル」で「全システムコール」の一覧が、下記ディレクトリにある「.tbl」ファイルで記述されています。

　「プロセッサ」が「64bit」の場合、「arch/x86」と「arch/ia64」のどちらのディレクトリになるか迷うかもしれません。
　しかし、「IA-64(arch/ia64)」は一般には入手できない「Itanium」というプロセッサのことなので、通常は関係ありません。

> ・arch/x86/entry/syscalls/syscall_32.tbl (x86)
> ・arch/x86/entry/syscalls/syscall_64.tbl (x86_64)

[3.3]「システム・コール」の実装

　「システム・コール」の定義一覧の中に、「gettimeofday」が存在することが確認できます。
　「カーネル関数名」が「sys_gettimeofday()」であることも分かります。
　また、プロセッサが「32bit」および「64bit」で、「システム・コール」の定義内容と個数が異なっていることも分かります。

[arch/x86/entry/syscalls/syscall_32.tbl]

```
#
# 32-bit system call numbers and entry vectors
#
# The format is:
# <number> <abi> <name> <entry point> <compat entry point>
#
# The abi is always "i386" for this file.
#
0       i386    restart_syscall     sys_restart_syscall
1       i386    exit                sys_exit
2       i386    fork                sys_fork                sys_fork
3       i386    read                sys_read
4       i386    write               sys_write
5       i386    open                sys_open                compat_sys_open
                    :
                    :
78      i386    gettimeofday        sys_gettimeofday        compat_sys_gettimeofday
                    :
                    :
376     i386    mlock2              sys_mlock2
377     i386    copy_file_range     sys_copy_file_range
```

[arch/x86/entry/syscalls/syscall_64.tbl]

```
#
# 64-bit system call numbers and entry vectors
#
# The format is:
# <number> <abi> <name> <entry point>
#
# The abi is "common", "64" or "x32" for this file.
#
0       common  read                sys_read
1       common  write               sys_write
2       common  open                sys_open
3       common  close               sys_close
4       common  stat                sys_newstat
5       common  fstat               sys_newfstat
                    :
                    :
96      common  gettimeofday        sys_gettimeofday
                    :
                    :
544     x32     io_submit           compat_sys_io_submit
545     x32     execveat            stub_x32_execveat
```

第3章 システム・コール

「システム・コール」を発行し、「アプリケーション・プログラム」から「Linux カーネル」に制御を移すには、「C言語」では実現できないため、「アセンブリ言語」で実装します。

その実装は、「ライブラリ」(glibc) で行なわれます。

● ライブラリ (glibc)

「glibc」の「ソース・コード」は、非常に複雑な作りをしているため、予備知識なしで、「ソース・コード」を読み始めるのは、しないほうがいいです。

膨大な処理の流れに飲まれて、「ソースコード・リーディング」が破綻してしまいます。

前節での「glibc」の動作トレースを足掛かりに、「glibc」の「ソース・コード」を追っていきます。

「デバッガ」で「関数」を「ブレーク」した際に、「スタック・フレーム」が出力されていたので、その出力結果から、「glibc 内部の関数」がどのような順番で呼ばれているのか分かります。

*

注意すべき点として、「glibc」自体をビルドする際に、「コンパイラの最適化」が「有効」になっているため、「ソース・コード」にある「関数」すべてがデバッガ上で確認できるわけではないことです。

*

「glibc」内における「関数の呼び出し」は下記のとおりです。

```
[1] _dl_runtime_resolve_avx()
[2] _dl_fixup()
[3] elf_ifunc_invoke()
[4] __gettimeofday()
[5] _dl_vdso_vsym()
```

*

ここで注目したいのは、「システム・コール」の「呼び出し部分」なので、「__gettimeofday()」を見ます。

「glibc」の「ソース・コード」は、下記「SRPM」に含まれています。
「Fedora」に含まれている「glibc」は「バージョン 2.23」です。

```
http://ftp.jaist.ac.jp/pub/Linux/Fedora/releases/24/Workstation/source/
tree/Packages/g/glibc-2.23.1-7.fc24.src.rpm
```

「SRPM」ファイルを展開すると、多数のファイルが出てきますが、「glibc-2.23-55-g1a8a7c1.tar.gz」が「glibc」の本体で、残りは「パッチ」です。

・スタック・フレーム
「スタック・フレーム」(Stack frame) とは、「関数呼び出し」の順番を示したものであり、「コール・スタック」(Call stack) や「スタック・トレース」(Stack trace) という呼び方をすることもある。

「スタック・フレーム」はプログラムのデバッグをする際に有効な情報となる。

[3.3]「システム・コール」の実装

「ソース・ファイル」(gettimeofday.c) を開くと、「条件コンパイル文」(#ifdef -#endif) で囲まれていますが、「デバッガ」の「スタック・フレーム」から、

```
#1  0x00007ffff7ace887 in __gettimeofday ()
    at ../sysdeps/unix/sysv/linux/x86/gettimeofday.c:40
```

となっていて、行番号が「40」とあることから、「#ifdef SHARED」のほうが有効であることが分かります。

[sysdeps/unix/sysv/linux/x86/gettimeofday.c]

```
21  #ifdef SHARED
22
23  # include <dl-vdso.h>
24  # include <errno.h>
25
26  static int
27  __gettimeofday_syscall (struct timeval *tv, struct timezone *tz)
28  {
29    return INLINE_SYSCALL (gettimeofday, 2, tv, tz);
30  }
31
32  void *gettimeofday_ifunc (void) __asm__ ("__gettimeofday");
33
34  void *
35  gettimeofday_ifunc (void)
36  {
37    PREPARE_VERSION_KNOWN (linux26, LINUX_2_6);
38
39    /* If the vDSO is not available we fall back to syscall.  */
40    return (_dl_vdso_vsym ("__vdso_gettimeofday", &linux26)
41            ?: (void*) (&__gettimeofday_syscall));
42  }
43  asm (".type __gettimeofday, %gnu_indirect_function");
44
45  libc_ifunc_hidden_def(__gettimeofday)
46
47  #else
48
49  # include <sysdep.h>
50  # include <errno.h>
51
52  int
53  __gettimeofday (struct timeval *tv, struct timezone *tz)
54  {
55    return INLINE_SYSCALL (gettimeofday, 2, tv, tz);
56  }
57  libc_hidden_def (__gettimeofday)
58
59  #endif
60  weak_alias (__gettimeofday, gettimeofday)
61  libc_hidden_weak (gettimeofday)
```

*

上記「ソース・ファイル」を見ると、技巧的なコードが散見されますが、「__gettimeofday_syscall()」が最終的に呼び出される処理です。

システム・コール

当該関数では「INLINE_SYSCALL」というマクロが記述されているので、定義の内容を確認します。

これは「i386/sysdep.h」または「x86_64/sysdep.h」ヘッダにあります。
「システム・コール」の定義が「32bit」と「64bit」で異なるため、実装も異なります。
よって、「アーキテクチャ」ごとに「システム・コール」の処理が用意されています。

＊

「64bit」(x86_64)のほうが処理がシンプルなので、こちらから見ていきます。

・INLINE_SYSCALL → INTERNAL_SYSCALL → INTERNAL_SYSCALL_NCS

ヘッダの中からさらにヘッダを呼び出していて、少し読みづらい感じはあるかもしれません。
ただ、幸いなことに、同一ヘッダファイル内で定義されているので、処理は追いやすいです。

[sysdeps/unix/sysv/linux/x86_64/sysdep.h]

```
# define INLINE_SYSCALL(name, nr, args...) ¥
  ({                                                                        ¥
    unsigned long int resultvar = INTERNAL_SYSCALL (name, , nr, args);      ¥
    if (__glibc_unlikely (INTERNAL_SYSCALL_ERROR_P (resultvar, )))          ¥
      {                                                                     ¥
        __set_errno (INTERNAL_SYSCALL_ERRNO (resultvar, ));                 ¥
        resultvar = (unsigned long int) -1;                                 ¥
      }                                                                     ¥
    (long int) resultvar; })

# define INTERNAL_SYSCALL_NCS(name, err, nr, args...) ¥
  ({                                                                        ¥
    unsigned long int resultvar;                                            ¥
    LOAD_ARGS_##nr (args)                                                   ¥
    LOAD_REGS_##nr                                                          ¥
    asm volatile (                                                          ¥
    "syscall¥n¥t"                                                           ¥
    : "=a" (resultvar)                                                      ¥
    : "0" (name) ASM_ARGS_##nr : "memory", REGISTERS_CLOBBERED_BY_SYSCALL); ¥
    (long int) resultvar; })
# undef INTERNAL_SYSCALL
# define INTERNAL_SYSCALL(name, err, nr, args...) ¥
  INTERNAL_SYSCALL_NCS (__NR_##name, err, nr, ##args)
```

最終的に行き着くコードは、下記に示す「インライン・アセンブラ」です。

「ANSI C」の規格では、「C言語」のプログラムから「アセンブリ言語」を呼び出す方法は定義されていません。しかし、「gcc」の「拡張機能」を使って、「アセンブリ言語」を記述することができます。

```
asm volatile (                                                                  ¥
"syscall¥n¥t"                                                                   ¥
: "=a" (resultvar)                                                              ¥
: "0" (name) ASM_ARGS_##nr : "memory", REGISTERS_CLOBBERED_BY_SYSCALL);         ¥
(long int) resultvar; })
```

「64bit」(x86_64) 環境においては、「syscall」という命令を使うことで、「システム・コール」を発行することができます。

この命令を実行後、「プログラムの制御」が「ユーザー空間」から「カーネル空間」に移行します。

「syscall」という命令は、「プロセッサ」の「命令セット」の一つなのですが、「仕様」については「Intel 公式ドキュメント」である「インテル (R) 64 および IA-32 アーキテクチャー・ソフトウェア・デベロッパーズ・マニュアル」に記載があり、無償で仕様書 (PDF ファイル) が公開されています (ただし、英文です)。

【インテル (R) 64 および IA-32 アーキテクチャー・ソフトウェア・デベロッパーズ・マニュアル】

http://www.intel.co.jp/content/www/jp/ja/processors/architectures-software-developer-manuals.html

SYSCALL—Fast System Call

Opcode	Instruction	Op/En	64-Bit Mode	Compat/Leg Mode	Description
0F 05	SYSCALL	NP	Valid	Invalid	Fast call to privilege level 0 system procedures.

Instruction Operand Encoding

Op/En	Operand 1	Operand 2	Operand 3	Operand 4
NP	NA	NA	NA	NA

Description

SYSCALL invokes an OS system-call handler at privilege level 0. It does so by loading RIP from the IA32_LSTAR MSR (after saving the address of the instruction following SYSCALL into RCX). (The WRMSR instruction ensures that the IA32_LSTAR MSR always contain a canonical address.)

SYSCALL also saves RFLAGS into R11 and then masks RFLAGS using the IA32_FMASK MSR (MSR address C0000084H); specifically, the processor clears in RFLAGS every bit corresponding to a bit that is set in the IA32_FMASK MSR.

SYSCALL loads the CS and SS selectors with values derived from bits 47:32 of the IA32_STAR MSR. However, the CS and SS descriptor caches are **not** loaded from the descriptors (in GDT or LDT) referenced by those selectors. Instead, the descriptor caches are loaded with fixed values. See the Operation section for details. It is the responsibility of OS software to ensure that the descriptors (in GDT or LDT) referenced by those selector values correspond to the fixed values loaded into the descriptor caches; the SYSCALL instruction does not ensure this correspondence.

The SYSCALL instruction does not save the stack pointer (RSP). If the OS system-call handler will change the stack pointer, it is the responsibility of software to save the previous value of the stack pointer. This might be done prior to executing SYSCALL, with software restoring the stack pointer with the instruction following SYSCALL (which will be executed after SYSRET). Alternatively, the OS system-call handler may save the stack pointer and restore it before executing SYSRET.

図 3.2 「syscall」命令

「アーキテクチャー・ソフトウェア・デベロッパーズ・マニュアル」は以前は日本語版も公開されていたのですが、2004 年で更新が止まっています。

また、「32bit」(IA-32) のことしか書かれていないため、「64bit」のことを調べるには、最新版の英文ドキュメントを読むしかありません。

＊

第3章 システム・コール

ITエンジニアは、英語力が求められるという話は、ドキュメントが英語だから、というのが理由のひとつでもあります。

なお、「日本語版」の「ドキュメント」はIntelのサイトに置かれているため、現時点でも入手可能です。

【IA-32 インテル アーキテクチャー・ソフトウェア・デベロッパーズ・マニュアル、上巻：基本アーキテクチャー】

```
http://www.intel.co.jp/content/dam/www/public/ijkk/jp/ja/documents/
developer/IA32_Arh_Dev_Man_Vol1_Online_i.pdf
```

【IA-32 インテル アーキテクチャー・ソフトウェア・デベロッパーズ・マニュアル、中巻 A：命令セット・リファレンス A-M】

```
http://www.intel.co.jp/content/dam/www/public/ijkk/jp/ja/documents/
developer/IA32_Arh_Dev_Man_Vol2A_i.pdf
```

【IA-32 インテル アーキテクチャー・ソフトウェア・デベロッパーズ・マニュアル、中巻 B：命令セット・リファレンス N-Z】

```
http://www.intel.co.jp/content/dam/www/public/ijkk/jp/ja/documents/
developer/IA32_Arh_Dev_Man_Vol2B_i.pdf
```

【IA-32 インテル アーキテクチャー・ソフトウェア・デベロッパーズ・マニュアル、下巻：システム・プログラミング・ガイド】

```
http://www.intel.co.jp/content/dam/www/public/ijkk/jp/ja/documents/
developer/IA32_Arh_Dev_Man_Vol3_i.pdf
```

「32bit」（x86）のほうの実装も見ておきます。「32bit」のほうは、「64bit」よりも「マクロ定義」が複雑になっていますが、ポイントは、「INT命令」で「ソフトウェア割り込み」を発生させている箇所です。

厳密には「INT命令」以外にも「SYSENTER命令」もあるのですが、細かいことを気にしだすと、発散してしまうので、「アセンブリ言語を呼び出して、システムコールを発行している」ことを理解してもらえばいいです。

[sysdeps/unix/sysv/linux/i386/sysdep.h]

```
LOADREGS_##nr(args)                                              ¥
asm volatile (                                                   ¥
"int $0x80"                                                      ¥
: "=a" (resultvar)                                               ¥
: "a" (__NR_##name) ASMARGS_##nr(args) : "memory", "cc")
```

● Linux カーネル

次に、「Linux カーネルの実装」について見ていきます。

[3.3]「システム・コール」の実装

すでに説明したように、「システムコール gettimeofday」に対応する「カーネル関数」は「sys_gettimeofday」になります。

さっそく、「Linux カーネル」の「ソース・コード」を検索してみることにします。

しかし、「sys_gettimeofday()」という関数に「タグ・ジャンプ」はできないようです。

「ソース・コード」を「grep」で全検索しても、「キーワード」は引っかかるものの、「関数の実体」が見当たりません。

[実行結果]

```
# cat ~/g
find . -name "*.[ch]" -print -type f | xargs grep -n "$1" /dev/null | more
# ~/g sys_gettimeofday
./arch/arm64/include/asm/unistd32.h:181:__SYSCALL(__NR_gettimeofday,     compat_sys_
gettimeofday)
./arch/ia64/kernel/asm-offsets.c:268:    /* used by fsys_gettimeofday in arch/ia64/
kernel/fsys.S */
./arch/microblaze/include/uapi/asm/unistd.h:26:#define __NR_time         13 /*
obsolete -> sys_gettimeofday */
./arch/x86/entry/vsyscall/vsyscall_64.c:230:                ret = sys_gettimeofday(
./arch/xtensa/include/uapi/asm/unistd.h:423:__SYSCALL(192, sys_gettimeofday, 2)
./include/linux/compat.h:420:asmlinkage long compat_sys_gettimeofday(struct compat_
timeval __user *tv,
./include/linux/syscalls.h:212:asmlinkage long sys_gettimeofday(struct timeval __user
*tv,
./include/uapi/asm-generic/unistd.h:480:__SC_COMP(__NR_gettimeofday,       sys_
gettimeofday, compat_sys_gettimeofday)
./kernel/time/time.c:59: * sys_gettimeofday().  Is this for backwards compatibility?
If so,
```

以前の「Linux カーネル」では、「sys_ システムコール名」という関数で定義されていたのですが、現在では、「関数」が「マクロ定義」で生成されるようになったため、容易に「タグ・ジャンプ」ができず、検索でも見つからないのです。

「カーネル関数」の「実体」は下記です。
「SYSCALL_DEFINE2」という「マクロ」が使われています。

[kernel/time/time.c]

```
SYSCALL_DEFINE2(gettimeofday, struct timeval __user *, tv,
            struct timezone __user *, tz)
{
        if (likely(tv != NULL)) {
                struct timeval ktv;
                do_gettimeofday(&ktv);
```

```
                        if (copy_to_user(tv, &ktv, sizeof(ktv)))
                                return -EFAULT;
                }
                if (unlikely(tz != NULL)) {
                        if (copy_to_user(tz, &sys_tz, sizeof(sys_tz)))
                                return -EFAULT;
                }
                return 0;
        }
```

*

「SYSCALL_DEFINE2 マクロ」は「include/linux/syscalls.h」で定義されており、他にも類似の「マクロ」が存在します(SYSCALL_DEFINE0 〜 6 まで)。

「検索」で「関数」を探すときは、「SYSCALL」と「システムコール名」を組み合わせて「grep」するといいです。

わざわざ「マクロ定義」を駆使して、「関数定義」をしているのは、「コンパイラ」の最適化によって、「関数呼び出しが正常にできない」問題を回避するためです。

具体的には、システム・コールは「ユーザー空間」から「引数」がレジスタで渡されてくるので、「カーネル空間」においても、「スタック」ではなく、「レジスタ」で引数を受け取る必要があるのです。

*

なお、この「マクロ」は難解なので、必ずしも理解しておく必要はありません。流してもらって問題ないです。

[include/linux/syscalls.h]

```
#define SYSCALL_DEFINE0(sname)                                          ¥
        SYSCALL_METADATA(_##sname, 0);                                  ¥
        asmlinkage long sys_##sname(void)

#define SYSCALL_DEFINE1(name, ...) SYSCALL_DEFINEx(1, _##name, __VA_ARGS__)
#define SYSCALL_DEFINE2(name, ...) SYSCALL_DEFINEx(2, _##name, __VA_ARGS__)
#define SYSCALL_DEFINE3(name, ...) SYSCALL_DEFINEx(3, _##name, __VA_ARGS__)
#define SYSCALL_DEFINE4(name, ...) SYSCALL_DEFINEx(4, _##name, __VA_ARGS__)
#define SYSCALL_DEFINE5(name, ...) SYSCALL_DEFINEx(5, _##name, __VA_ARGS__)
#define SYSCALL_DEFINE6(name, ...) SYSCALL_DEFINEx(6, _##name, __VA_ARGS__)

#define SYSCALL_DEFINEx(x, sname, ...)                                  ¥
        SYSCALL_METADATA(sname, x, __VA_ARGS__)                         ¥
        __SYSCALL_DEFINEx(x, sname, __VA_ARGS__)

#define __PROTECT(...) asmlinkage_protect(__VA_ARGS__)
#define __SYSCALL_DEFINEx(x, name, ...)                                 ¥
        asmlinkage long sys##name(__MAP(x,__SC_DECL,__VA_ARGS__))       ¥
                __attribute__((alias(__stringify(SyS##name))));         ¥
        static inline long SYSC##name(__MAP(x,__SC_DECL,__VA_ARGS__));  ¥
        asmlinkage long SyS##name(__MAP(x,__SC_LONG,__VA_ARGS__));      ¥
```

[3.3]「システム・コール」の実装

```
        asmlinkage long SyS##name(__MAP(x,__SC_LONG,__VA_ARGS__))     ¥
        {                                                              ¥
                long ret = SYSC##name(__MAP(x,__SC_CAST,__VA_ARGS__)); ¥
                __MAP(x,__SC_TEST,__VA_ARGS__);                        ¥
                __PROTECT(x, ret,__MAP(x,__SC_ARGS,__VA_ARGS__));      ¥
                return ret;                                            ¥
        }                                                              ¥
        static inline long SYSC##name(__MAP(x,__SC_DECL,__VA_ARGS__))
```

*

次に、「『タグ・ジャンプ』ができない」という問題です。

「ctags」コマンドをそのまま実行しただけでは、「sys_gettimeofday」というキーワードで、「関数の実体」に飛ぶことはできません。

しかし、「Linux カーネル」の「ソース・コード」に同梱されている「スクリプト(scripts/tags.sh)」を使うことで、「タグ・ジャンプ」できるようになります。

スクリプトは4種類のタグファイル(cscope, GLOBAL, vi, emacs)に対応しており、スクリプトの引数に「cscope」「gtags」「tags」「TAGS」のいずれかを指定します。
以下、vi用タグファイルを作る実行例を示します。

[実行結果]

```
# ls
arch/        CREDITS          firmware/   ipc/       lib/           net/                scripts/     tools/
block/       crypto/          fs/         Kbuild     MAINTAINERS    README              security/    usr/
certs/       Documentation/   include/    Kconfig    Makefile       REPORTING-BUGS      sound/       virt/
COPYING      drivers/         init/       kernel/    mm/            samples/            tags
# scripts/tags.sh tags
# grep sys_gettimeofday tags
compat_sys_gettimeofday    include/linux/compat.h          /^asmlinkage long compat_sys_
gettimeofday(struct compat_timeval __user *tv,$/;"       p
compat_sys_gettimeofday kernel/compat.c /^COMPAT_SYSCALL_DEFINE2(gettimeofday, struct
compat_timeval __user *, tv,$/;"           r
sys_gettimeofday           include/linux/syscalls.h        /^asmlinkage long sys_
gettimeofday(struct timeval __user *tv,$/;"       p
sys_gettimeofday           kernel/time/time.c    /^SYSCALL_DEFINE2(gettimeofday, struct
timeval __user *, tv,$/;"           r
# vi -t sys_gettimeofday
```

*

それでは、「カーネル関数」の内容を確認していきます。

「if文」が2つあり、「条件式」に「likely」と「unlikely」という見慣れないキーワードがありますが、特に気にする必要はありません。
これらのキーワードは、実際にはなくても問題ないもので、コンパイラの最適化

を促進するしかけです。

```
        if (likely(tv != NULL)) {
                ↓
        if (tv != NULL) {

        if (unlikely(tz != NULL)) {
                ↓
        if (tz != NULL) {
```

「do_gettimeofday()」を呼び出すと、「時刻情報」が「引数」の「ktv」変数に格納されます。

この関数の内容は後で見ることにして、次に進みます。

「copy_to_user()」は、「ktv」変数の結果を「ユーザー空間」に返却するために、引数の「tv」変数にコピーします。

*

「copy_to_user()」の「関数プロトタイプ宣言」は下記の通りです。

[include/asm-generic/uaccess.h]

```
static inline long copy_to_user(void __user *to,
            const void *from, unsigned long n)
```

「**第2引数**」(from)のポインタから「**第1引数**」(to)のポインタに、「nバイト」コピーし、「コピーが成功」すると、「関数」は「ゼロ」を返します。

関数が「失敗」した場合、「sys_gettimeofday()」は「-EFAULT」を返すことになりますが、「ユーザー空間」における「gettimeofday()」としては、関数の「返値」が「-1」となり、「errno」に「EFAULT」が設定されることになります。
このような「errno」へのセットは、「ユーザー空間」にいる「glibc」が行ないます。

*

「copy_to_user()」が成功した場合は、「sys_gettimeofday()」は「ゼロ」を返すことになります。

ここで、単なるデータのコピーなので「memcpy()」を使えばよさそうでありますが、「memcpy()」では問題があります。
なぜならば、「ユーザー空間」に存在するプログラムがディスクにスワップアウトされている場合に対処できないからです。
そのため、「ユーザー空間」と「カーネル空間」でデータのやり取りをするには、「専用のカーネル関数」を使います。

*

後回しにした「do_gettimeofday()」を見ていきます。

- **スワップ・アウト**
プログラムが動作するための空きメモリが足りなくなった場合、その時点で動作していないプログラムの使用メモリをディスクに退避させて、空きメモリを増やす。
ディスクに退避させることを「スワップ・アウト」(Swap out) という。

[3.3]「システム・コール」の実装

　関数の中からさらに「getnstimeofday64()」を呼び出しており、「結果」を「引数」にセットしているだけです。

　特に難しいことはしていません。

　「getnstimeofday64()」の先では、さらに「__getnstimeofday64()」を呼び出していますが、「WARN_ON」マクロが記載されています。

　この「マクロ」は「デバッグ」用なので、ここでは特に気にする必要はありません。

　「マクロ」の「引数」に指定された「関数」が、そのまま呼び出される、と理解すればいいです。

[kernel/time/timekeeping.c]

```
/**
 * do_gettimeofday - Returns the time of day in a timeval
 * @tv:         pointer to the timeval to be set
 *
 * NOTE: Users should be converted to using getnstimeofday()
 */
void do_gettimeofday(struct timeval *tv)
{
        struct timespec64 now;

        getnstimeofday64(&now);
        tv->tv_sec = now.tv_sec;
        tv->tv_usec = now.tv_nsec/1000;
}
EXPORT_SYMBOL(do_gettimeofday);

/**
 * getnstimeofday64 - Returns the time of day in a timespec64.
 * @ts:         pointer to the timespec64 to be set
 *
 * Returns the time of day in a timespec64 (WARN if suspended).
 */
void getnstimeofday64(struct timespec64 *ts)
{
        WARN_ON(__getnstimeofday64(ts));
}
EXPORT_SYMBOL(getnstimeofday64);
```

＊

　最終的にたどり着いたのが、「__getnstimeofday64」関数です。

　一通り見てみると、「tk_core」という「グローバル変数」に格納されている値（「xtime_sec」と「tkr_mono」）を引数(ts)にそのまま代入していることが、なんとなく分かります。

　「tk_coreという変数はどのようにして更新されているのか」「変数から読み出す箇所がなぜdoループになっているのか」など、気になる点はあります。

　しかし、そのすべての疑問を解消しようとすると、隅々までソースコードを読ん

137

第3章 システム・コール

でいく必要があるため、ある程度見切りを付けて、理解の本質と関係なさそうなところは読み飛ばすようにしていかないと、いくら時間があっても足りません。

[kernel/time/timekeeping.c]

```c
/**
 * __getnstimeofday64 - Returns the time of day in a timespec64.
 * @ts:         pointer to the timespec to be set
 *
 * Updates the time of day in the timespec.
 * Returns 0 on success, or -ve when suspended (timespec will be undefined).
 */
int __getnstimeofday64(struct timespec64 *ts)
{
        struct timekeeper *tk = &tk_core.timekeeper;
        unsigned long seq;
        s64 nsecs = 0;

        do {
                seq = read_seqcount_begin(&tk_core.seq);

                ts->tv_sec = tk->xtime_sec;
                nsecs = timekeeping_get_ns(&tk->tkr_mono);

        } while (read_seqcount_retry(&tk_core.seq, seq));

        ts->tv_nsec = 0;
        timespec64_add_ns(ts, nsecs);

        /*
         * Do not bail out early, in case there were callers still using
         * the value, even in the face of the WARN_ON.
         */
        if (unlikely(timekeeping_suspended))
                return -EAGAIN;
        return 0;
}
EXPORT_SYMBOL(__getnstimeofday64);
```

第4章
「Linux」基本機能の学習

本章では、「Linux」の基本的な機能から、代表的なところを
ピックアップして、個々に説明していきます。

第4章 「Linux」基本機能の学習

4.1 BusyBox

本節では、「BusyBox」について見ていきます。

なお、「BusyBox」は「ユーザー空間」で動作する「アプリケーション・プログラム」であり、「Linux カーネル」の「実装」には特に影響しません。

■ 概要

「BusyBox」というのは、「ls」や「cat」などのコマンドを、たったひとつの実行プログラムで実現したパッケージです。

「バイナリ・ファイル」を「1つだけ用意することで、多数のコマンドをサポートできる」こと、「『バイナリ・ファイル』のサイズが比較的小さい」ことから、「組み込み Linux」では「定番」となっています。

*

「サーバOS」としての「Linux」(「RHEL」「CentOS」など)において、「BusyBox」は含まれており、動作させることはできますが、「組み込み Linux」に比べると使用頻度は低く、通常のサーバ運用で「BusyBox」を使うことはないです。

もともと「フロッピーディスク」(1.44MB)上で「Linux」を動かすために考案された仕組みです。

*

「Fedora」に同梱されている「BusyBox」の「ソース・ファイル」(SRPM) は、下記からダウンロードできます。

```
http://ftp.jaist.ac.jp/pub/Linux/Fedora/releases/24/Everything/source/tree/Packages/b/busybox-1.22.1-5.fc24.src.rpm
```

「BusyBox」の「本家サイト」は下記になります。
最新バージョンは「1.25.0」(2016年6月リリース)で、「1.00」のリリースが「2004年」ですから、10年来の「オープンソース・ソフト」であることが分かります。

やはり、「組み込み」分野で「標準」採用されていることで、「ユーザー数」が確保されており、開発を継続できていると考えられます。

```
https://busybox.net/
```

■ 特徴

通常の「Linux コマンド」と、「BusyBox によるコマンド」との違いについて整理しておきます。

- 「コマンドの実行プログラム」は、通常は「コマンドごとにバイナリファイルが用意」されますが、「BusyBox」では「1つのみのバイナリファイル」となります。

• **BusyBox**
1つの実行プログラムで、複数あるプログラムの機能を呼び出して実行することができるソフト。

プログラムを個々に用意するよりも、実行プログラムの「バイナリ・サイズ」を小さくすることができる。

原点はフロッピーディスク一枚で Linux をブートできるようにするために、考案された手法だが、昨今では組み込み Linux のモジュールとして標準的に利用されている。

• **フロッピーディスク**
かつて存在した「リムーバブル・メディア」。
メディアの大きさは8インチから5インチ、3.5インチと段々と小さくなってはいったが、ディスク容量は約1MB弱と変わらなかった。
現在ではフロッピーディスクおよびフロッピードライブの製造は終了しており、フロッピードライブがパソコンに搭載されなくなった。
一部の事業ではまだ現役なところもあるが、過去の遺産である。

[4.1] BusyBox

- 用意されている「コマンドの種類」は、「BusyBox」のほうが「最小限」に絞られているため、「種類は少なく」なります。

  「BusyBox」がサポートするコマンドは下記サイトで確認できます。
  また、同じコマンドでも、「BusyBox」のほうがサポートしているオプションは少なめです。

  ```
  https://busybox.net/downloads/BusyBox.html
  ```

- 「通常のコマンド」と「BusyBox」は、それぞれ開発者が異なるため、「ソース・コード」も別物となっています。

  両者で実装が違うため、コマンドの「ソース・コード」を調査する場合は、要注意です。

- 「BusyBox」は「コンフィグレーション」により、サポートするコマンドを決めることができるため、「必要最小限の機能」に絞ることで、「実行プログラム」の「バイナリ・サイズ」を抑えることができます。

- 「BusyBox」は「単一の実行プログラム」ではなく、「ライブラリ」として「ビルド」することも可能です。

■ 使い方

「BusyBox」を実際に使ってみて、通常の「Linuxコマンド」との違いを確認します。

*

「BusyBoxパッケージ」を導入するには、「yum」および「dnf」コマンドでインストールすることができます。

> ※ なお、「BusyBox」で対応するコマンド群は「Fedora」側で「コンフィグレーション」されたものになります。

「BusyBox」の「実行プログラム」は「/sbin/busybox」であり、「引数なし」で起動すると、「コマンドライン・ヘルプ」とあわせて、サポートしているコマンド名が分かります。

結果を見ると、全コマンドがサポートされています。
その上で、「実行プログラム」の「バイナリ・サイズ」が「約1.1MB」なので、「BusyBox」がいかに「プログラム・サイズ」が小さくなるように設計されていることが見て取れます。

[実行結果]

```
# dnf install busybox
# rpm -qa | grep busybox
busybox-1.22.1-5.fc24.x86_64
```

第4章 「Linux」基本機能の学習

```
# ls -l /sbin/busybox
-rwxr-xr-x. 1 root root 1149112  2月  4  2016 /sbin/busybox*
# busybox
BusyBox v1.22.1 (2016-02-03 18:22:11 UTC) multi-call binary.
BusyBox is copyrighted by many authors between 1998-2012.
Licensed under GPLv2. See source distribution for detailed
copyright notices.

Usage: busybox [function [arguments]...]
   or: busybox --list[-full]
   or: busybox --install [-s] [DIR]
   or: function [arguments]...

	BusyBox is a multi-call binary that combines many common Unix
	utilities into a single executable.  Most people will create a
	link to busybox for each function they wish to use and BusyBox
	will act like whatever it was invoked as.

Currently defined functions:
	[, [[, acpid, add-shell, addgroup, adduser, adjtimex, ar, arp, arping,
	ash, awk, base64, basename, bbconfig, beep, blkid, blockdev,
                              :
                              :
	wall, watch, watchdog, wc, wget, which, who, whoami, whois, xargs, xz,
	xzcat, yes, zcat, zcip
```

- **シンボリック・リンク**

「シンボリック・リンク」(Symbolic link)とは、実行プログラムの別名を作ることを指す。

lnコマンドで作成する。実行プログラムは1つだが、別名で起動する🔽

「BusyBox」の「コマンド」の「実行方法」は、(a)「引数に指定するやり方」と、(b)「『シンボリック・リンク』で実行するやり方」とが用意されています。

　実際には、(b) の手段が定番です。

[実行結果]

```
# busybox uname -a
Linux localhost.localdomain 4.5.5-300.fc24.x86_64 #1 SMP Thu May 19 13:05:32 UTC 2016
x86_64 x86_64 x86_64 GNU/Linux
# uname -a
Linux localhost.localdomain 4.5.5-300.fc24.x86_64 #1 SMP Thu May 19 13:05:32 UTC 2016
x86_64 x86_64 x86_64 GNU/Linux
# which uname
/usr/bin/uname
# ls -l /usr/bin/uname
-rwxr-xr-x. 1 root root 32552  3月  6  2016 /usr/bin/uname*

# ln -s /sbin/busybox uname
# ls -l uname
lrwxrwxrwx. 1 root root 13  9月 17 17:23 uname -> /sbin/busybox*
# ./uname  -a
Linux localhost.localdomain 4.5.5-300.fc24.x86_64 #1 SMP Thu May 19 13:05:32 UTC 2016
x86_64 x86_64 x86_64 GNU/Linux
# rm uname
rm: シンボリックリンク 'uname' を削除しますか? y
```

[4.1] BusyBox

■ ソース・コード

「SRPM」ファイルには、下記のファイルが含まれています。

```
busybox-1.15.1-uname.patch
busybox-1.22.1.tar.bz2
busybox-petitboot.config
busybox-static.config
busybox.spec
```

「BusyBox 1.22.1」(2014年1月リリース)がベースで、「Fedora」独自の「パッチ」が1つだけと、シンプルな構成になっています。

「SRPM」ファイルを「Fedora」上で「rpm」コマンドでインストール後、「rpmbuild」コマンドでビルドして、「Fedora」上で動く完全な「ソース・コード」を得ることができます。

手元に「Fedora」がない場合は、「オリジナル・ファイル」(busybox-1.22.1.tar.bz2)を手動で展開して、パッチ適用してもいいです。

以下、「Cygwin」上での実行例です。

「patch」コマンドでパッチ適用する際、「--dry-run」オプションを付けると、実際に「ソース・ファイル」の書き換えをせずに、「パッチ適用」の処理を確認できるので、事前確認してから実際にパッチ適用するのが便利です。

[実行結果]

```
# tar xf busybox-1.22.1.tar.bz2
# ls
busybox.spec                busybox-1.22.1.tar.bz2         busybox-static.config
busybox-1.15.1-uname.patch  busybox-1.22.1-5.fc24.src.rpm*
busybox-1.22.1/             busybox-petitboot.config
# cd busybox-1.22.1
# patch -p1 --dry-run < ../busybox-1.15.1-uname.patch
checking file coreutils/uname.c
Hunk #1 succeeded at 140 (offset 17 lines).
# patch -p1 < ../busybox-1.15.1-uname.patch
patching file coreutils/uname.c
Hunk #1 succeeded at 140 (offset 17 lines).
# ls coreutils/uname.c*
coreutils/uname.c   coreutils/uname.c.orig
```

*

準備が整ったので、「BusyBox」の「main関数」から見ていきます。

ことにより、プログラムの機能を切り替えたい場合に便利な機能である。
シンボリックリンク自体は実体を持たないため、シンボリックリンクを削除しても、実行プログラムの本体が削除されることはない。

• **rpm**
「RPM」(RPM Package Manager) というのは、Red Hat 系 Linux (RHEL, Fedora, CentOS, Oracle Linux など) で採用されているパッケージシステム。
Linuxディストリビューションを一般普及させたという功績をもつ。

それまでの Linux は、新しいパッケージを導入するために、ソースコードからビルドする必要があり、ビルドエラーに自力で対処しなければならず、敷居が高かった。

なお、以前の略称は「Red Hat Package Manager」であったが、RPM の開発拠点が分裂したため、途中で略称変更となった。

rpm コマンドはパッケージの管理を行なうことができる。

• **rpmbuild**
「rpmbuild」(Build RPM Package) は、RPM パッケージを自前で構築するためのコマンド。
すでに存在する RPM ファイルおよび SRPM ファイルから再構築することもできる。

第4章 「Linux」基本機能の学習

・**メンテナー**

「ソフトウェア・プロジェクト」を管理する人のことで、必ずしもプログラミングを行なう開発者を指すわけではない。

直接開発を行なわなくても、プロジェクト全体をとりまとめる役割の人が必要である。

・**ライセンス**

ソフトウェアのライセンス (License) とは、契約書のようなもので、ソフトを使用するにあたり、ユーザーに課せられる規約のこと。

ライセンスへの許諾は厳密には書面で交わすことはないが、ソフトを導入した時点で、自動的にライセンスに許諾していると見なされる。

市販のソフトだけではなく、「オープンソース・ソフト」に対してもライセンスは付与されており、このライセンスにより開発者を法的に守ることができる。

・**GPL**

「GPL」 (General Public License) とは、「オープンソース・ライセンス」で定番のひとつであり、もっとも知名度が高いライセンス。

「GPL」はかならず「ソース・コード」を公開する義務があり、商用利用には向かないとされる。

「BusyBox」は「アプリケーション・プログラム」であり、「C言語」で実装されているため、最初の入り口は「main()」となります。

「main」でキーワード検索すると、多数の検索がヒットするため、どれが本当の「main関数」か分からないのですが、ここは地道に探していくしかありません。

「実機」があれば、「デバッグ」で動きを調べる、という手段もあります。

*

「applets/applets.c」にある「main関数」が、「BusyBox」の「バイナリ」(/sbin/busybox) を起動したときに呼び出される「関数」となります。

「ソース・ファイル」の「Copyright」に、「BusyBox」のメンテナーの名前 (Denys Vlasenko) が書いてあり、ライセンスが「GNU GPLv2」に準拠することが分かります。

「main関数」からは「lbb_main()」という関数を呼ぶだけ、となっています。

ここで、「argc引数」の直後に「UNUSED_PARAM」というマクロが指定してありますが、これは未使用変数がある場合に警告抑止することを、コンパイラに指示するためのもので、特に気にしなくてもいいです。

細かいところを気にしないというスタンスも、「ソースコード・リーディング」の効率化の秘訣です。

[applets/applets.c]

```
/* vi: set sw=4 ts=4: */
/*
 * Stub for linking busybox binary against libbusybox.
 *
 * Copyright (C) 2007 Denys Vlasenko <vda.linux@googlemail.com>
 *
 * Licensed under GPLv2, see file LICENSE in this source tree.
 */
#include "busybox.h"

#if ENABLE_BUILD_LIBBUSYBOX
int main(int argc UNUSED_PARAM, char **argv)
{
        return lbb_main(argv);
}
#endif
```

*

「lbb_main()」の内容を見ていきます。

冒頭から条件コンパイル文 (#if - #endif) が乱立しており、とてもプログラムが読みづらく感じます。

[4.1] BusyBox

　「Linux カーネル」も同じですが、「BusyBox」は「コンフィグレーション」により、「サポート機能」の有無を決めることができるため、必然的に「条件コンパイル文」が多くなります。

　このことは、「C言語」というプログラミング言語の仕様であるため、慣れていくしかありません。

[libbb/appletlib.c]

```
#if ENABLE_BUILD_LIBBUSYBOX
int lbb_main(char **argv)
#else
int main(int argc UNUSED_PARAM, char **argv)
#endif
{
        /* Tweak malloc for reduced memory consumption */
#ifdef M_TRIM_THRESHOLD
        /* M_TRIM_THRESHOLD is the maximum amount of freed top-most memory
         * to keep before releasing to the OS
         * Default is way too big: 256k
         */
        mallopt(M_TRIM_THRESHOLD, 8 * 1024);
#endif
#ifdef M_MMAP_THRESHOLD
        /* M_MMAP_THRESHOLD is the request size threshold for using mmap()
         * Default is too big: 256k
         */
        mallopt(M_MMAP_THRESHOLD, 32 * 1024 - 256);
#endif
              :
              :
#else
        lbb_prepare("busybox" IF_FEATURE_INDIVIDUAL(, argv));

        applet_name = argv[0];
        if (applet_name[0] == '-')
                applet_name++;
        applet_name = bb_basename(applet_name);

        parse_config_file(); /* ...maybe, if FEATURE_SUID_CONFIG */

        run_applet_and_exit(applet_name, argv);

        /*bb_error_msg_and_die("applet not found"); - sucks in printf */
        full_write2_str(applet_name);
        full_write2_str(": applet not found\n");
        xfunc_die();
#endif
```

＊

　ポイントとなるのは、「lbb_main 関数」の最後にある処理部分です。

145

第4章 「Linux」基本機能の学習

　「BusyBox」は1つのバイナリで、複数のコマンドをサポートするため、指定されたコマンドが妥当であれば、そのコマンドの処理に制御を移す必要があります。
　この処理部分で、そのことを実現しています。

　「lbb_prepare()」は、特に重要な処理はしていないので、ここでは無視してよいです。

　「applet_name」は「グローバル変数」であり、「argv[0]」からパスを除去して、コマンド名のみを取り出して、変数に格納しています。
　「シンボリック・リンク」経由で「BusyBox」(/sbin/busybox)を起動した場合、「シンボリックリンク名」が「argv[0]」に格納されます。リンク先の実体のパスが格納されるわけではありません。

　「bb_basename()」は、フルパスから「ディレクトリ名」と「ファイル名」に分割して、「ファイル名」を取り出す関数で、「BusyBox」用に実装されたものです。

*

　「glibc」には「basename()」という同様の機能をもつ関数が用意されているのですが、「BusyBox」ではライブラリに極力依存しないようにするため、再実装されている処理が多数存在します。
　そういった処理には、関数名に「bb_」という文字列が付与されているため、見た目で区別が付けられるようになっています。

*

　「parse_config_file()」は、「関数名」から想像がつくように、「BusyBox」用の設定ファイル (/etc/busybox.conf) が存在すれば、設定を読み込みます。

　「BusyBox」は設定ファイルなしでも動作できるプログラムであるため、ここでは詳細はスキップします。
　興味と時間があれば、関数の中身を見ていくのもいいですが、設定ファイルの読み込みは、たいてい、「fgets()」で一行ずつ読み込み、「strchr()」で文字検索をする、という地味な処理をしているだけです。
　また、「Linux」では「設定ファイルの読み込み」というのは、どのソフトにも存在する機能ですが、共通的な処理にはなっておらず、各ソフトごとに独自実装されているのが実情です。

*

　「run_applet_and_exit()」は、「指定されたコマンド名」から「該当するプログラム」を呼び出し、その後、「BusyBox」自体を終了させます。
　ただし、「コマンドの起動に失敗した場合」は、関数が返ってくるので、後続の「full_write2_str()」や「xfunc_die()」の処理が実行されます。

*

　次に、骨子となる「run_applet_and_exit()」の内容を確認していきます。

[4.1] BusyBox

[libbb/appletlib.c]

```c
void FAST_FUNC run_applet_and_exit(const char *name, char **argv)
{
        int applet = find_applet_by_name(name);
        if (applet >= 0)
                run_applet_no_and_exit(applet, argv);
        if (strncmp(name, "busybox", 7) == 0)
                exit(busybox_main(argv));
}
```

「find_applet_by_name()」で、コマンド名が「BusyBox」のサポートするものであるかどうかを探します。「サポートあり」であれば「0 以上」で、そうでなければ「負数」が返ります。

「『コマンド名』がサポートされている場合」は、「run_applet_no_and_exit()」を呼び、終了します。

そうではない場合、コマンド名が「busybox」であれば、「busybox_main()」を呼び出し、終了します。

「コマンド名」がサポートされておらず、かつ「busybox」という名前でもなければ、何もせずに、「run_applet_and_exit()」は「呼び出し元」に返ります。

「run_applet_no_and_exit()」の内容を確認します。

[libbb/appletlib.c]

```c
void FAST_FUNC run_applet_no_and_exit(int applet_no, char **argv)
{
        int argc = 1;

        while (argv[argc])
                argc++;

        /* Reinit some shared global data */
        xfunc_error_retval = EXIT_FAILURE;

        applet_name = APPLET_NAME(applet_no);
        if (argc == 2 && strcmp(argv[1], "--help") == 0) {
                /* Special case. POSIX says "test --help"
                 * should be no different from e.g. "test --foo". */
//TODO: just compare applet_no with APPLET_NO_test
                if (!ENABLE_TEST || strcmp(applet_name, "test") != 0) {
                        /* If you want "foo --help" to return 0: */
                        xfunc_error_retval = 0;
                        bb_show_usage();
                }
        }
        if (ENABLE_FEATURE_SUID)
                check_suid(applet_no);
        exit(applet_main[applet_no](argc, argv));
}
```

第4章 「Linux」基本機能の学習

＊

　最初に「while ループ」で、「argc」を計算しています。これは、「コマンド名」を含めて、「コマンドライン引数」がいくつあるかを数えています。

　「applet_name」変数には、「コマンド名」を「文字列」で取得しています。
　1つ目の「if文」では、「コマンドライン・オプション」で「--help」が指定されていれば、「bb_show_usage()」を呼び出し、「コマンドライン・ヘルプ」を表示します。
　2つ目の「if文」は、「ENABLE_FEATURE_SUID」マクロが定義されている場合に有効となる条件のため、ここでは無視しておきます。

　最後に、「applet_main」配列に登録された関数ポインタから、関数を呼び出して終わりです。

＊

　以上、「BusyBox」の「main 関数」から「コマンド呼び出し部分」までを見てきました。
　「BusyBox」は単一の「アプリケーション」であり、「マルチプロセス」や「マルチスレッド」といった「非同期機構」を使っていないため、処理の流れは一本となっています。
　そのため、「ソース・コード」は一見して「条件コンパイル文」の嵐で、読みづらさを感じますが、枝葉を取り除いていくことで、メインの道筋は、意外にシンプルであることが見えてきます。

4.2 ファイル・システム

　本節では、「ファイル操作」の要となる「ファイル・システム」の実装について見ていきます。

■ 概 要

　「ユーザー空間」で動作するプログラムは、「情報の保存」を行なうために、ディスクに記録をします。
　このときに使われるのが、「ファイル I/O」と呼ばれる仕組みです。

　簡単に言えば、

　「open()」でファイルを開き、
　「read()」でファイルのデータを読み込み、
　「write()」でファイルにデータを書き込む、
　「close()」でファイルを閉じる、

という、誰もが使ったことのある関数です。

・**非同期機構**
　一連の処理の流れを通しで実行することを「同期処理」(synchronous procedure)と言うが、それぞれの処理を並行して行なうことを「非同期処理」(asynchronous procedure)と呼ぶ。

　「マルチ・スレッド」は「非同期処理」の典型であるが、シグナルについても、いつ処理が割り込まれるか分からないため、非同期処理に含まれる。

・**ディスク**
　マシンの電源を落としても、データを保持することができるデバイスがディスクであり、「HDD」(Hard disk drive)や「SSD」(Solid state drive)が使われる。
　組み込み機器ではディスクの代わりに、「フラッシュ・メモリ」(FLASH ROM)が採用される。

[4.2] ファイル・システム

Linuxでは、これらの「関数」を使うことで、「ファイル」だけではなく、「デバイス・スペシャル・ファイル」や「FIFO」「ソケット」など、さまざまな「デバイス」に対して、操作ができるようになっています。

このように、「1つの操作方法」で、「複数のデバイス」を操作できることを、「インターフェイスの抽象化」と言います。

■「ファイル操作」の「オープン処理」

簡単な「プログラム」を作り、「ファイルの読み書き」を行なう「処理の流れ」について調べていきます。

まずは実際に「プログラム」を動かしてみて、「ライブラリ」と「Linux カーネル」のどの部分が動作するのかを確認します。

*

以下に、「サンプル・プログラム」の「ソース・コード」と、「実行例」を示します。

[fileio.c]

```c
#include <stdio.h>

int main(void)
{
        FILE *fp;

        fp = fopen("/tmp/sample.dat", "w+");
        if (fp) {
                fputs("test¥n", fp);
                fclose(fp);
        }

        return 0;
}
```

[実行結果]

```
# cc -g fileio.c
# ./a.out
# ls -l /tmp/sample.dat
-rw-rw-r--. 1 yutaka yutaka 5  9月 19 18:04 /tmp/sample.dat
# cat /tmp/sample.dat
test
```

今回作った「サンプル・プログラム」では、「fopen()」「fputs()」「fclose()」という3つの関数を使っています。

いずれも「manページ」の「セクション3」に属するため、これらは「システム・コール」ではなく、「ライブラリが提供する関数」となります。

• **デバイス・スペシャル・ファイル**

「デバイス・ファイル」(Device file)とも呼ばれ、「/dev」配下に作らる「ファイル群」のこと。

通常の「ファイル」とは異なり、「プログラム」から「デバイス・ドライバ」にアクセスするために利用される。

そのため、「デバイス・スペシャル・ファイル」自体は実体をもたないので、ファイルサイズは小さい。

第4章 「Linux」基本機能の学習

「システム・コール」の「名前」が分からないと、「Linux カーネル」の「実装」を確認できないので、「strace」コマンドで調べます。

「前半」部分は「実行プログラム」(a.out)を「起動」する流れを表わしており、注目する箇所は、最後の部分です。

[実行結果]

```
# strace ./a.out
           :
           :
open("/tmp/sample.dat", O_RDWR|O_CREAT|O_TRUNC, 0666) = 3
fstat(3, {st_mode=S_IFREG|0664, st_size=0, ...}) = 0
write(3, "test¥n", 5)                   = 5
close(3)                                = 0
exit_group(0)                           = ?
+++ exited with 0 +++
```

上記の結果から、

- fopen → open
- fwrite → write
- fclose → close

と対応付けられそうであることが分かります。

*

次に、「ライブラリ」の「実装」を確認していきます。

「デバッガ」を使って、「ライブラリ」の「関数」がどのように呼び出されているかを調べます。

[実行結果]

```
# gdb -q ./a.out
Reading symbols from ./a.out...done.
(gdb) b main
Breakpoint 1 at 0x4005be: file fileio.c, line 7.
(gdb) run
(gdb) s
_IO_new_fopen (filename=0x4006a3 "/tmp/sample.dat", mode=0x4006a0 "w+")
    at iofopen.c:97
97          return __fopen_internal (filename, mode, 1);
(gdb) b open
Breakpoint 3 at 0x7ffff7b09680: file ../sysdeps/unix/syscall-template.S, line 84.
(gdb) c
Continuing.

Breakpoint 3, open64 () at ../sysdeps/unix/syscall-template.S:84
84      T_PSEUDO (SYSCALL_SYMBOL, SYSCALL_NAME, SYSCALL_NARGS)
(gdb) bt
#0  open64 () at ../sysdeps/unix/syscall-template.S:84
```

[4.2] ファイル・システム

```
#1  0x00007ffff7a8e1de in __GI__IO_file_open (fp=fp@entry=0x602010,
    filename=<optimized out>, posix_mode=<optimized out>, prot=prot@entry=438,
    read_write=0, is32not64=is32not64@entry=1) at fileops.c:221
#2  0x00007ffff7a8e415 in _IO_new_file_fopen (fp=fp@entry=0x602010,
    filename=filename@entry=0x4006a3 "/tmp/sample.dat", mode=<optimized out>,
    mode@entry=0x4006a0 "w+", is32not64=is32not64@entry=1) at fileops.c:328
#3  0x00007ffff7a82514 in __fopen_internal (
    filename=0x4006a3 "/tmp/sample.dat", mode=0x4006a0 "w+", is32=1)
    at iofopen.c:86
#4  0x00000000004005cd in main () at fileio.c:7
```

＊

「デバッガ」(gdb)で「ステップ実行」(s)していくことで、「ライブラリ」(glibc)の動作を一行ずつ追っていくことができますが、手間がかかります。

そこで、「システム・コール」(open)に「ブレーク」を仕掛けておいて、「実行継続」(c)すれば、「システム・コール」呼び出しまでの「スタック・トレース」を得ることができます。

後は、この「スタック・トレース」の結果と、「ライブラリ」の「実装」とを照らし合わせながら、見ていけばいいです。

ただし、「glibc」は作りが複雑で、「マクロ」や「gcc拡張機能」を駆使しているため、「タグ・ジャンプ」や「grep検索」をしても、処理が追いづらいという傾向があります。「ソースコード・リーディング」の効率が、なかなか上げられないところでもあります。

＊

以下に処理の流れを示します。

ポイントとしては、「_IO_file_fopen()」の「実体」が、「_IO_new_file_fopen()」であるということと、「open()」は「open64()」に置換される、ということです。

後ほど詳しく見ていきますが、途中で「関数」の「実体」を探しても見つからないことがあるのが、「glibc」の作りが複雑である原因のひとつです。

```
_IO_new_fopen()#libio/iofopen.c
    ↓
__fopen_internal()#libio/iofopen.c
    ↓
_IO_file_fopen()#libio/fileops.c
_IO_new_file_fopen()#libio/fileops.c
    ↓
_IO_file_open()#libio/fileops.c
    ↓
open64()#sysdeps/unix/syscall-template.S
open64()#sysdeps/unix/sysv/linux/x86_64/sysdep.h
```

「fopen()」の呼び出し後、最初に呼び出されるライブラリ内の関数が、「_IO_new_fopen」です。

「プログラム」と「ライブラリ」は、同じ「ユーザー空間」に存在するので、「ライブラリ」側に「fopen」という関数があってもいいのですが、「glibc」の場合は「マクロ」で置換されるようになっています。

[include/stdio.h]

```
extern _IO_FILE *_IO_new_fopen (const char*, const char*);
#   define fopen(fname, mode) _IO_new_fopen (fname, mode)
```

「_IO_new_fopen()」からは「__fopen_internal()」を呼び出します。

関数は、50行未満と少ないにもかかわらず、「条件コンパイル文」が差し込まれているため、読みづらくなっています。

「locked_FILE」構造体を「malloc()」でメモリ確保して、「ポインタ」を「new_f」変数に代入しています。

ここで確保した「メモリ」は、「プログラム」側で「fclose()」されるまで保持されます。

このように、「ライブラリ」内で「ヒープ・メモリ」が確保されることがあるため、「ライブラリ関数」は適切な使い方をしないと、「メモリ・リーク」の原因になります。

・ヒープ・メモリ
「ヒープ・メモリ」(Heap memory)とは、プログラムで動的にメモリを確保したときのメモリ領域のことをいう。
反面、「スタック」(Stack)は、「関数呼び出し」の際に、自動的に確保されるメモリ領域であり、コンパイル時にメモリ領域サイズが決まる。

[libio/iofopen.c]

```c
_IO_FILE *
__fopen_internal (const char *filename, const char *mode, int is32)
{
  struct locked_FILE
  {
    struct _IO_FILE_plus fp;
#ifdef _IO_MTSAFE_IO
    _IO_lock_t lock;
#endif
    struct _IO_wide_data wd;
  } *new_f = (struct locked_FILE *) malloc (sizeof (struct locked_FILE));

  if (new_f == NULL)
    return NULL;
#ifdef _IO_MTSAFE_IO
  new_f->fp.file._lock = &new_f->lock;
#endif
#if defined _LIBC || defined _GLIBCPP_USE_WCHAR_T
  _IO_no_init (&new_f->fp.file, 0, 0, &new_f->wd, &_IO_wfile_jumps);
#else
  _IO_no_init (&new_f->fp.file, 1, 0, NULL, NULL);
#endif
  _IO_JUMPS (&new_f->fp) = &_IO_file_jumps;
  _IO_file_init (&new_f->fp);
```

[4.2] ファイル・システム

```
#if !_IO_UNIFIED_JUMPTABLES
  new_f->fp.vtable = NULL;
#endif
  if (_IO_file_fopen ((_IO_FILE *) new_f, filename, mode, is32) != NULL)
    return __fopen_maybe_mmap (&new_f->fp.file);

  _IO_un_link (&new_f->fp);
  free (new_f);
  return NULL;
}
```

ポイントとなるのは「_IO_file_fopen()」を呼び出している箇所です。

この関数の名前では、「関数定義」されておらず、「_IO_new_file_fopen()」という名前で定義されています。実際には「_IO_new_file_fopen」は「マクロ」なので、コンパイル時に「_IO_file_fopen()」に置換されます。

[libio/fileops.c]

```
# define _IO_new_file_fopen _IO_file_fopen
```

「_IO_file_fopen()」は、行数の多い関数となっていますが、ポイントは「_IO_file_open()」を呼び出している箇所です。

「_IO_file_open()」で、ようやく「システム・コール」である「open()」を呼び出しています。

[libio/fileops.c]

```
_IO_FILE *
_IO_file_open (_IO_FILE *fp, const char *filename, int posix_mode, int prot,
               int read_write, int is32not64)
{
  int fdesc;
#ifdef _LIBC
  if (__glibc_unlikely (fp->_flags2 & _IO_FLAGS2_NOTCANCEL))
    fdesc = open_not_cancel (filename,
                             posix_mode | (is32not64 ? 0 : O_LARGEFILE), prot);
  else
    fdesc = open (filename, posix_mode | (is32not64 ? 0 : O_LARGEFILE), prot);
#else
  fdesc = open (filename, posix_mode, prot);
#endif
  if (fdesc < 0)
    return NULL;
      :
      :
```

「デバッガ」の「スタック・トレース」で見ると、「open」ではなく「open64」になっています。

これは、「glibc」が「マクロ」で「置き換え」を行なっているためです。

第4章 「Linux」基本機能の学習

　従来の「open()」では、2GBサイズを超えるファイルは扱えませんでしたが、「open64()」では、その制限が解除できます。

[io/fcntl.h]

```
#ifndef __USE_FILE_OFFSET64
extern int open (const char *__file, int __oflag, ...) __nonnull ((1));
#else
# ifdef __REDIRECT
extern int __REDIRECT (open, (const char *__file, int __oflag, ...), open64)
     __nonnull ((1));
# else
#  define open open64
# endif
#endif
```

　「open64()」から先は、「アセンブラ・コード」になります。
　「システム・コール」を発行するため、C言語では実現できず、「アセンブリ言語」で実装されます。
　そのため、「アーキテクチャ」ごとに実装が異なります。

＊

　以下に、「32bit」(x86)と「64bit」(x86_64)のコードの一部を示します。

[sysdeps/unix/sysv/linux/i386/sysdep.h]

```
#define PSEUDO(name, syscall_name, args)                    ¥
  .text;                                                    ¥
  ENTRY (name)                                              ¥
    DO_CALL (syscall_name, args);                           ¥
    cmpl $-4095, %eax;                                      ¥
    jae SYSCALL_ERROR_LABEL

#define DO_CALL(syscall_name, args)                         ¥
    PUSHARGS_##args                                         ¥
    DOARGS_##args                                           ¥
    movl $SYS_ify (syscall_name), %eax;                     ¥
    ENTER_KERNEL                                            ¥
    POPARGS_##args
```

[sysdeps/unix/sysv/linux/x86_64/sysdep.h]

```
# define PSEUDO(name, syscall_name, args)                   ¥
  .text;                                                    ¥
  ENTRY (name)                                              ¥
    DO_CALL (syscall_name, args);                           ¥
    cmpq $-4095, %rax;                                      ¥
    jae SYSCALL_ERROR_LABEL

# define DO_CALL(syscall_name, args)                        ¥
    DOARGS_##args                                           ¥
    movl $SYS_ify (syscall_name), %eax;                     ¥
    syscall;
```

＊

　それでは、いよいよ「Linux カーネル」の実装を見ていきます。

　システムコール「open」に対応する「カーネル関数」は「sys_open」となります。
　「SYSCALL_DEFINE3」マクロで定義されているので、直接的に「sys_open」という名前では「ソース・コード」上は記述されていません。

[fs/open.c]

```
SYSCALL_DEFINE3(open, const char __user *, filename, int, flags, umode_t, mode)
{
        if (force_o_largefile())
                flags |= O_LARGEFILE;

        return do_sys_open(AT_FDCWD, filename, flags, mode);
}
```

　「force_o_largefile()」というのは、「Linux カーネル」が「32bit」または「64bit」のどちらでビルドされているかを確認しており、「64bit」であれば、関数は「真」を返します。
　関数の先では、「BITS_PER_LONG」マクロを参照して判別しています。

[include/asm-generic/bitsperlong.h]

```
#ifdef CONFIG_64BIT
#define BITS_PER_LONG 64
#else
#define BITS_PER_LONG 32
#endif /* CONFIG_64BIT */
```

　「64bit」の場合は、常に「open」のフラグである「O_LARGEFILE」を立てます。
このフラグは、「2GB」以上のファイルを扱う場合に必要となるフラグです。
　もともと、このフラグは「32bit 環境」において新設されたフラグであるため、「64bit 環境」では最初から 2GB 以上のファイルが扱えるので、常にフラグを立てておけばよいという考え方です。
　「sys_open()」は「do_sys_open()」を呼び出し、そのまま関数の返値とします。

[fs/open.c]

```
long do_sys_open(int dfd, const char __user *filename, int flags, umode_t mode)
{
        struct open_flags op;
        int fd = build_open_flags(flags, mode, &op);
        struct filename *tmp;

        if (fd)
                return fd;
```

```
        tmp = getname(filename);
        if (IS_ERR(tmp))
                return PTR_ERR(tmp);

        fd = get_unused_fd_flags(flags);
        if (fd >= 0) {
                struct file *f = do_filp_open(dfd, tmp, &op);
                if (IS_ERR(f)) {
                        put_unused_fd(fd);
                        fd = PTR_ERR(f);
                } else {
                        fsnotify_open(f);
                        fd_install(fd, f);
                }
        }
        putname(tmp);
        return fd;
}
```

「build_open_flags()」は、プログラムから渡された「open フラグ」を元に、「カーネル」での処理に使うための「op 変数」を初期化しています。

なお、「fopen()」で指定した「フラグ」がそのまま「カーネル」に渡るわけではなく、途中「glibc」による変換がかけられます。

たとえば、「サンプル・プログラム」では「fopen()」に「w+」を指定していますが、「glibc」内で「O_CREAT | O_TRUNC | O_RDWR」に変換され、「カーネル関数」に渡されます。

*

以下に「変換ルール」を示します。ただし、「glibc 拡張オプション」は除いています。

[Step1]

[1] 1 文字目が 'r' であれば、omode = O_RDONLY とする。
[2] 1 文字目が 'w' であれば、omode = O_WRONLY, oflags = O_CREAT|O_TRUNC とする。
[3] 1 文字目が 'a' であれば、omode = O_WRONLY, oflags = O_CREAT|O_APPEND とする。
[4] Step2 に

[Step2]

[1] 次の文字を取得する。
[2] その文字が '¥0' であれば、[5] に飛ぶ。
[3] その文字が '+' であれば、omode = O_RDWR とする。
[4] さらに次の文字があり、かつ文字数が 6 未満であれば、[1] に戻る。
[5] Step3 に

[4.2] ファイル・システム

[Step3]
[1]「omode | oflags」の結果を open フラグとする。
[2] 終わり

　さらに、「関数呼び出し」は続くので、「do_filp_open()」を見ていきます。
　途中、「getname()」と「get_unused_fd_flags()」という関数がありますが、本質から外れるので、ここでは読み飛ばすことにします。

　「システムコール呼び出し」から「最下位層」まで、「関数の呼び出し」の「流れ」を追っていきます。

　「関数」を1つずつ掲載していくと、ページ数がいくらあっても足りないので、以下では「関数」と「ソースファイル名」のみを示すことにします。

```
sys_open()#fs/open.c
  do_sys_open()
    do_filp_open()#fs/namei.c
      path_openat()
        do_last()
          vfs_open()#fs/open.c
            do_dentry_open()
              f_op->open()
```

　最後に行き着くのは、「do_dentry_open()」ですが、「関数ポインタ」から「関数呼び出し」を行なっており、いったん、ここで途切れているように見えます。

[fs/open.c]

```c
static int do_dentry_open(struct file *f,
                          struct inode *inode,
                          int (*open)(struct inode *, struct file *),
                          const struct cred *cred)
{
        :
    f->f_op = fops_get(inode->i_fop);
        :
    if (!open)
            open = f->f_op->open;
    if (open) {
            error = open(inode, f);
            if (error)
                    goto cleanup_all;
    }
        :
}
```

・関数ポインタ
　「関数ポインタ」(Function pointer) とは、「関数」の「先頭アドレス」のことであり、「ポインタ」として呼び出すと、「関数」を実行できる。
　「関数名」を「printf()」で表示すれば、「関数ポインタ」の「値」がいくつかが分かる。

実はここから先はまだ長く、「ファイル・システム」ごとに処理が分岐するので、「関数ポインタ」を取得し、「関数呼び出し」を行なっているのです。

たとえば、「ファイル・システム」が「ext4」の場合は、「f->f_op->open」は「ext4_file_open()」を指しています。

「ファイル・システム」を組み込む場合、「file_operations 構造体」で各「システム・コール」に対応した「関数ポインタ」を登録することになっているため、「関数名」を知りたいときは、「file_operations 構造体」を確認すればよいです。

[fs/ext4/file.c]

```
const struct file_operations ext4_file_operations = {
        .llseek         = ext4_llseek,
        .read_iter      = generic_file_read_iter,
        .write_iter     = ext4_file_write_iter,
        .unlocked_ioctl = ext4_ioctl,
#ifdef CONFIG_COMPAT
        .compat_ioctl   = ext4_compat_ioctl,
#endif
        .mmap           = ext4_file_mmap,
        .open           = ext4_file_open,
        .release        = ext4_release_file,
        .fsync          = ext4_sync_file,
        .splice_read    = generic_file_splice_read,
        .splice_write   = iter_file_splice_write,
        .fallocate      = ext4_fallocate,
};
```

*

以下に、代表的な「ファイル・システム」ごとの「open 関数」の対応を示します。

*

なお、「ファイル・システム」によっては「open 関数」が「なし」(NULL) の場合もあります。その場合は、「do_dentry_open()」が終端となります。

代表的な「ファイル・システム」ごとの「open 関数」の対応

ファイル・システム	open 関数	説　明
cramfs	NULL	「組み込み Linux」で使われる。
ext2	dquot_file_open	かつて「Linux」で、もっとも使用されていた。
ext3	-	「Linux カーネル 4.3」で削除された。
ext4	ext4_file_open	「ext 系」の最新バージョン。
fat	NULL	「USB メモリ」で使われている。
jffs2	generic_file_open	「組み込み Linux」で使われる。
nfs	nfs_file_open	「ネットワーク経由」の「ファイル・システム」。
FIFO	fifo_open	「名前付きパイプ」で使われる。
ramfs	NULL	メモリ上に構築する「ファイル・システム」。
xfs	xfs_file_open	最先端の「ファイル・システム」。RHEL7 で採用。

[4.2] ファイル・システム

＊

「ファイル・システム」の下位には、さらに「デバイス・ドライバ」が配置される場合があります。

たとえば、「JFFS2」ファイルシステムでは、「デバイス上のデータ管理」までは行ないますが、「デバイス自体の制御」はしないので、下位に「デバイスを制御するプログラム」(デバイス・ドライバ)を配置する必要があります。

「デバイス」として「フラッシュメモリ」(FlashROM)を採用するのであれば、MTDドライバ(drivers/mtdディレクトリ配下)を配置します。

＊

以上、「アプリケーション・プログラム」からライブラリを通して、カーネルまでを見てみましたが、ポイントを絞ったにもかかわらず、「ソース・コード」を隅々までは追い切れていません。「Linuxカーネル」は奥が深いと言えます。

＊

これまでの流れを図にまとめると、下図のようになります。

• **フラッシュ・メモリ**
「フラッシュ・メモリ」(Flash memory)は「不揮発性記憶媒体」のことで、読み書きしたデータを、「電源オフ」の状態でも保持できる「半導体メモリ」のこと。
「USBメモリ」や「SSD」が代表格。

別名では、フラッシュROM(FLASHROM)。

• **MTD**
「MTD」(Memory Technology Device)ドライバとは、フラッシュメモリを制御するプログラムのことで、組み込みLinuxで標準的に使われている。
MTDドライバ自体はデバイスの制御のみであるため、「JFFS2」などの「ファイル・システム」を上位層に配置する。

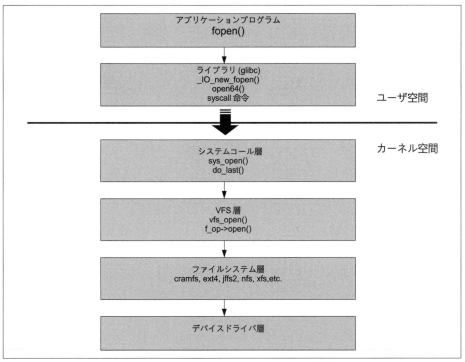

図4.1 「ファイル・システム」のレイヤ構造

「アプリケーション・プログラム」と「ライブラリ」までが「ユーザー空間」であり、「ライブラリ」の中で「アセンブラ・コード」によって「システム・コール」が発行されます。

このとき、「プログラム」の「制御」が、「ユーザー空間」から「カーネル空間」にジャンプします。

「カーネル空間」に遷移中は、「ユーザー空間」にいるプログラムは、停止した状態となります。

159

「カーネル空間」では、「システム・コール層」を過ぎると、「VFS」（Virtual File System）という層があります。

その下位に「ファイル・システム」が配置されるのですが、「ファイル操作」の「インターフェイス」を統一するために、「VFS層」が挿入されています。

■「ファイル操作」の「基本インターフェイス」

前節では、「ファイル・オープン」の処理について流れを見ていきました。
各レイヤの「入り口」と「出口」について整理すると、下記の通りとなります。

「オープン処理」の「流れ」

レイヤ	関数フロー
プログラム	fopen
ライブラリ	_IO_new_fopen → open64
カーネル	sys_open → vfs_open → ファイルシステム

「オープン以外」にも「基本インターフェイス」として、「リード」「ライト」「クローズ」があります。
それぞれについても、処理の流れを整理しておきます。

● クローズ処理

「オープン」の対となる「クローズ」について見ていきます。
関数名は「fclose()」になり、「fopen()」と同様、「manページ」の「セクション3」に属します。

「ライブラリ」(glibc) の「入り口」は、「fopen()」の場合と同様に、「マクロ定義」されており、「_IO_new_fclose()」です（下記参照）。

[include/stdio.h]
```
extern int _IO_new_fclose (_IO_FILE*);
#   define fclose(fp) _IO_new_fclose (fp)
```

「_IO_new_fclose()」では、「_IO_file_close_it()」を呼び出します。
この関数は「_IO_new_file_close_it」で「マクロ定義」されているため、実体が「_IO_new_file_close_it()」になります。
このあたりのトリックは、オープンのときにもありました。

この後は、システムコール「close」を発行して終わりなのですが、書き込み中のデータがバッファに残っている場合は、「フラッシュ処理」が行なわれます。

＊

「Linux」では、「ファイル操作」を高速化するため、「ファイル」を読み書き

[4.2] ファイル・システム

する際に、毎度デバイスまでアクセスするのではなく、メモリ（ページキャッシュ）にデータを一時保存します。

そのため、ファイルに書き込んだデータは、即座にデバイスまで落とし込まれず、しばらくメモリに載っている状態になっています。

そのため、ファイルをクローズする際に、メモリにまだデータが残っていれば、デバイスに掃き出す必要がある、というわけです。

実際、前節で紹介した「サンプル・プログラム」の場合、「fputs()」ではなく、「fclose()」のタイミングで、デバイスへの「書き込み」が発生しています（下記参照）。

[実行結果]

```
(gdb) bt
#0  write () at ../sysdeps/unix/syscall-template.S:84
#1  0x00007ffff7a8d2df in _IO_new_file_write (f=0x602010, data=0x602240, n=5)
    at fileops.c:1263
#2  0x00007ffff7a8ea6f in new_do_write (to_do=5, data=0x602240 "test¥n",
    fp=0x602010) at fileops.c:518
#3  _IO_new_do_write (fp=fp@entry=0x602010, data=0x602240 "test¥n", to_do=5)
    at fileops.c:494
#4  0x00007ffff7a8e0c0 in _IO_new_file_close_it (fp=fp@entry=0x602010)
    at fileops.c:165
#5  0x00007ffff7a81c0f in _IO_new_fclose (fp=0x602010) at iofclose.c:58
#6  0x00000000004005ff in main () at fileio.c:10
```

＊

ファイルの「クローズ処理」について整理すると、下記の通りとなります。

「クローズ処理」の「流れ」

レイヤ	関数フロー
プログラム	fclose
ライブラリ	_IO_new_fclose → _IO_do_flush → close
カーネル	sys_close → filp_close → fput → delayed_fput → __fput → ファイルシステム

カーネル内における「クローズ処理」では、特徴のある動作をするところがあるので、確認しておきます。

「fput関数」の「ソース・コード」を以下に示します。

[fs/file_table.c]

```
void fput(struct file *file)
{
        if (atomic_long_dec_and_test(&file->f_count)) {
                struct task_struct *task = current;

                if (likely(!in_interrupt() && !(task->flags & PF_KTHREAD))) {
```

第4章 「Linux」基本機能の学習

```
                init_task_work(&file->f_u.fu_rcuhead, ____fput);
                if (!task_work_add(task, &file->f_u.fu_rcuhead, true))
                        return;
                /*
                 * After this task has run exit_task_work(),
                 * task_work_add() will fail.  Fall through to delayed
                 * fput to avoid leaking *file.
                 */
        }

        if (llist_add(&file->f_u.fu_llist, &delayed_fput_list))
                schedule_delayed_work(&delayed_fput_work, 1);
    }
}
```

*

最初に「if文」で、「file構造体」の「f_count」を1つ減算し、ゼロか確認しています。

この「f_count」というのは、1つのファイルに対する「参照カウンタ」と呼ばれるもので、「ファイルをオープンしている数」を表わします。

たとえば、同じファイルを連続して3回オープンした場合は、「fcount」の値は「3」となります。

通常は、1つのファイルを一度オープンして、必要がなくなったらクローズするという動作になるので、「fcount」の値は「1」からは増えません。

注意する点としては、「fork()」で「子プロセス」を生成した場合、「ファイル・ハンドル」が「子プロセス」に引き継がれる(コピーされる)ため、「fcount」の値が1つ増えます。

「Linuxカーネル」では、1つのファイルを複数オープンすることを許可していますが、真にファイルがクローズされるのは、「いちばん最後にクローズした人」という考え方です。

つまり、「fput()」の処理は「最後にクローズされる場合」のみ実施されることになります。

*

「fput()」の次は「delayed_fput()」が呼び出されるのですが、上記の「ソース・コード」を見てみても、どこにも「delayed_fput関数」の呼び出しは見当たりません。

そのカラクリは、「schedule_delayed_work()」で行なっている「ワーク・キュー」(workqueue)という仕組みにあります。

[fs/file_table.c]

```
static DECLARE_DELAYED_WORK(delayed_fput_work, delayed_fput);
```

[include/linux/workqueue.h]

```
static inline bool schedule_delayed_work(struct delayed_work *dwork,
                                        unsigned long delay)
{
        return queue_delayed_work(system_wq, dwork, delay);
}
```

[4.2] ファイル・システム

*

「ワーク・キュー」というのは、「いますぐ処理する」のではなく、「カーネルの処理に余裕があるとき」に「後から処理したい」という目的を実現するための仕組みです。

つまり、「schedule_delayed_work()」では「delayed_fput 関数」を「system_wq」というワークキューに登録するだけであり、後から「カーネル」によって、「delayed_fput 関数」が呼び出されます。

このときの「関数呼び出し」は「ユーザー・コンテキスト」(ユーザー空間の延長線上)で安全に実行されます。

*

ところで、「Linux カーネル」では、いつから「クローズ処理」が「遅延実行」されるようになったのでしょうか。

以前は、「close システムコール」を発行した場合、「カーネル空間」で、「すべてのクローズ処理が完了する」ことが保証されていたはずです。

ここで、「古い Linux カーネル」(2.6.28)の実装を見てみると、「遅延実行」にはなっていません。

[fs/file_table.c]

```
void fput(struct file *file)
{
        if (atomic_long_dec_and_test(&file->f_count))
                __fput(file);
}
```

「Linux カーネル」の「バージョンアップ」のどこで、実装が変わったかを調べるには、「Linux カーネル」の「GIT リポジトリ」を確認します。

【The Linux Kernel Archives】

https://www.kernel.org/

上記サイトで、[browse] とあるリンクをクリックすると、「GIT リポジトリ」の画面に遷移します。

このリポジトリは、「Linus Torvalds」氏が管理しているリポジトリです。

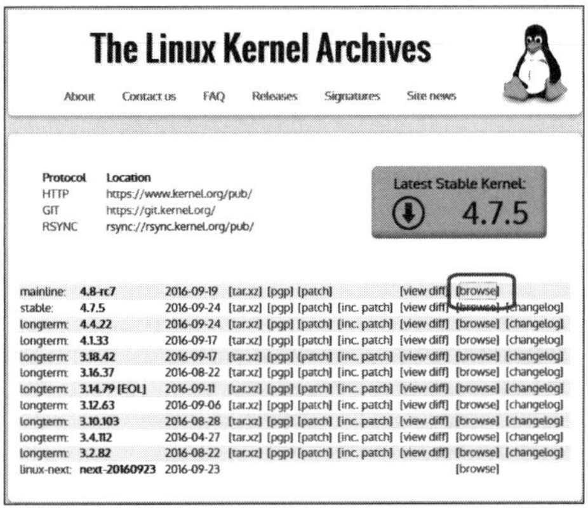

図 4.2 [browse] とあるリンクをクリック

次に、上にあるバーから「tree」をクリックします。

図4.3 「tree」をクリック

調べたいファイルは、「fsディレクトリ」配下の「file_table.c」であるため、そのファイルまでたどり、「log」をクリックします。

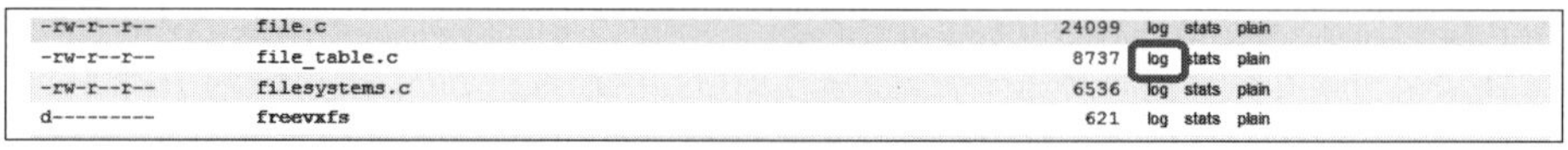

図4.4 ファイルの「log」をクリック

最後に、「fs/file_table.c」の「変更履歴」が出てくるので、探していきます。
すると、「2012年7月22日の修正」（Linux 3.2.24以降）が怪しそうなので、クリックして詳細を確認します。

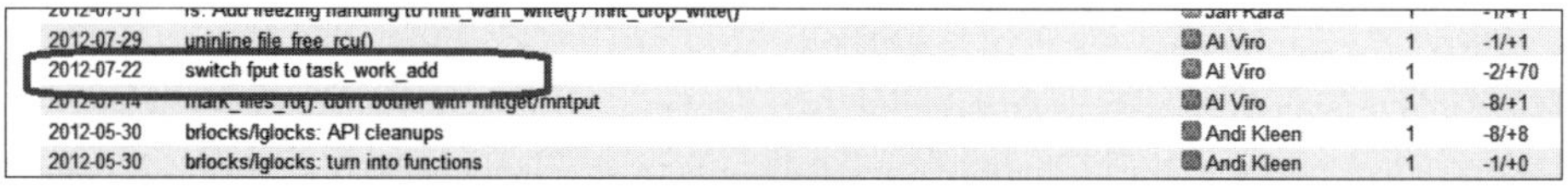

図4.5 2012年7月22日の修正をクリック

「ソースコードの差分」（diff）も表示されるので、内容を確認すると、確かにこのときに「遅延処理化」されていることが分かります。

＊

「コミット・メッセージ」を読んだだけでは、「実装を変更した理由」がはっきりと記載されていないので、理由が不明です。

変更された経緯を調べたい場合は、LWNというサイト（https://lwn.net/）で検索すると、答が見つかることがあります。

今回のケースでは、「クローズ処理がカーネルにとって重たい処理のため、非同期で動かすことで、カーネルの性能を向上させたい」というのがモチベーションだったようです。

```
author     Al Viro <viro@zeniv.linux.org.uk>   2012-06-24 05:56:45 (GMT)
committer  Al Viro <viro@zeniv.linux.org.uk>   2012-07-22 19:57:58 (GMT)
commit     4a9d4b024a3102fc083c925c242d98ac27b1c5f6 (patch)
tree       1a4e9d1e86a2c1b70f8352c13da8a7eee97bc5f1 /fs/file_table.c
parent     a2d4c71d1559426155e5da8db3265bfa0d8d398d (diff)
switch fput to task_work_add
... and schedule_work() for interrupt/kernel_thread callers
(and yes, now it *is* OK to call from interrupt).
```

・LWN

LWNはLinuxの開発情報も含めた老舗のニュースサイト。
開発者自身によるLinuxカーネルに関する情報も含まれている。LWNはかつては「Linux Weekly News」の略だったが、現在では略称が使われていない。

・カーネルの性能

「Linuxカーネル」の性能は、いかに短時間でカーネル内の処理を完了させて、ユーザー空間に応答を返すかどうかに尽きる。
カーネル空間での処理中は、ユーザー空間のプログラムが動作停止しているため、カーネル内ので処理時間が長くなると、プログラムの性能が落ちる。

[4.2] ファイル・システム

> We are guaranteed that __fput() will be done before we return to userland (or exit). Note that for fput() from a kernel thread we get an async behaviour; it's almost always OK, but sometimes you might need to have __fput() completed before you do anything else. There are two mechanisms for that - a general barrier (flush_delayed_fput()) and explicit __fput_sync(). Both should be used with care (as was the case for fput() from kernel threads all along). See comments in fs/file_table.c for details.
>
> Signed-off-by: Al Viro <viro@zeniv.linux.org.uk>

● ライト処理

「ファイルへの書き込みを行なう関数」は「fwrite()」や「fputs()」「fputc()」などいくつか用意されています。ライブラリ内の経路はそれぞれ異なりますが、最終的にシステムコールは「write」に集約されます。

「fwrite()」について「流れ」を整理すると、下記の通りとなります。

「fwrite()」の「流れ」

レイヤ	関数フロー
プログラム	fwrite
ライブラリ	_IO_fwrite → _IO_sputn → _IO_new_file_xsputn → new_do_write → _IO_SYSWRITE → _IO_new_file_write → write
カーネル	sys_write → vfs_write → __vfs_write →ファイルシステム

「ライブラリ」(glibc)の中は、複雑な実装になっているため、途中で呼び出し先が分からなくなることがあります。

少しライブラリの中を見ておきましょう。

*

「_IO_sputn()」は「マクロ」になっていて、定義先をたどっていくと、「関数テーブル」からの「関数呼び出し」になっています。

[libio/libioP.h]

```
#define _IO_sputn(__fp, __s, __n) _IO_XSPUTN (__fp, __s, __n)
#define _IO_XSPUTN(FP, DATA, N) JUMP2 (__xsputn, FP, DATA, N)
#define JUMP2(FUNC, THIS, X1, X2) (_IO_JUMPS_FUNC(THIS)->FUNC) (THIS, X1, X2)
```

「JUMP2マクロ」の「第1引数」で指定されている「__xsputn」が関数名のように見えるため、この名前で検索してみると、「_IO_jump_t 構造体」の「メンバー」

として定義されていて、「関数の実体」ではありません。

[libio/libioP.h]

```
#define JUMP_FIELD(TYPE, NAME) TYPE NAME

struct _IO_jump_t
{
            :
    JUMP_FIELD(_IO_xsputn_t, __xsputn);
            :
};
```

「_IO_jump_t 構造体」で探していくと、「vtable」という「メンバ変数」が定義されており、この変数に「関数テーブル」がセットされることが見えてきます。

[libio/libioP.h]

```
struct _IO_FILE_plus
{
  _IO_FILE file;
  const struct _IO_jump_t *vtable;
};

#define _IO_JUMPS_FILE_plus(THIS) ¥
  _IO_CAST_FIELD_ACCESS ((THIS), struct _IO_FILE_plus, vtable)
#define _IO_CAST_FIELD_ACCESS(THIS, TYPE, MEMBER) ¥
  (*(_IO_MEMBER_TYPE (TYPE, MEMBER) *)(((char *) (THIS)) ¥
                                      + offsetof(TYPE, MEMBER)))
```

「関数テーブル」の「実体」は「_IO_file_jumps」になります。

ようやく、「関数の実体」である「_IO_file_xsputn」が出てきました。

ここで最後のトリックがありますが、実際には「_IO_new_file_xsputn」という名前で「関数の実体」が実装されています。

「_IO_new_file_xsputn」はマクロ定義で、「_IO_file_xsputn」を指すようになっています。

[libio/fileops.c]

```
# define _IO_new_file_xsputn _IO_file_xsputn

const struct _IO_jump_t _IO_file_jumps =
{
        :
  JUMP_INIT(xsputn, _IO_file_xsputn),
        :
};
        :
        :
_IO_FILE *
```

[4.2] ファイル・システム

```
_IO_file_setbuf_mmap (_IO_FILE *fp, char *p, _IO_ssize_t len)
{
  _IO_FILE *result;

  /* Change the function table.  */
  _IO_JUMPS_FILE_plus (fp) = &_IO_file_jumps;
              :
}
```

「カーネル」内の「ライト処理」は、シンプルな実装になっていて、読みやすいです。

＊

最初の「if文」で、「ファイル・ハンドル」(fd)に対応するファイルが、プロセス内でオープンされている正当なものであるかどうかを確認しています。

正当でなければ、関数は「EBADF」(Bad file number)という「エラーコード」を「ユーザー空間」側に返し、「エラー」とします。

このとき、「ライブラリ」での「write()」は「-1」が返り、「errno」に「EBADF」が設定されます。

＊

「vfs_write()」で「VFS層」を呼び出していますが、その前後で「ファイルポジション」の変更を行なっています。ファイルに書き込みを行なう場合、前回書き込みをした箇所(pos)から書き込みをします。書き込みが成功すると、ファイルポジション(pos)が書き込んだぶん進むので、file_pos_write()で更新します。

[fs/read_write.c]

```
SYSCALL_DEFINE3(write, unsigned int, fd, const char __user *, buf,
                size_t, count)
{
        struct fd f = fdget_pos(fd);
        ssize_t ret = -EBADF;

        if (f.file) {
                loff_t pos = file_pos_read(f.file);
                ret = vfs_write(f.file, buf, count, &pos);
                if (ret >= 0)
                        file_pos_write(f.file, pos);
                fdput_pos(f);
        }

        return ret;
}
```

● リード処理

「ファイルからの読み込みを行なう関数」は「fread()」や「fgets()」「fgetc()」などいくつか用意されていますが、ライブラリ内の経路はそれぞれ異なりますが、最終的にシステムコールは「read」に集約されます。

「fread()」について「流れ」を整理すると、下記の通りとなります。

第4章 「Linux」基本機能の学習

「fread()」の「流れ」

レイヤ	関数フロー
プログラム	fread
ライブラリ	_IO_fread → _IO_sgetn → _IO_XSGETN → _IO_file_xsgetn → _IO_SYSREAD → _IO_file_read → read
カーネル	sys_read → vfs_read → __vfs_read → ファイルシステム

「リード処理」は、「ライト処理」の反対の動作となります。

「ライブラリ」(glibc)の実装は、「リード処理」に関しても複雑な作りをしていますが、「ライト処理」と同様なので、一度読み方を覚えると、読みやすくなってきます。

「_IO_sgetn 関数」から「関数テーブル」からの「関数呼び出し」になっているため、「タグ・ジャンプ」や「検索」で一発で呼び出し先を見つけることはできません。

しかし、「ライト処理」の節で説明した方法で辿っていけば、関数の実体を見つけることができます。

*

ここで、「fread 関数」の「プロトタイプ宣言」を確認すると、下記のようになっています。

```
size_t fread(void *ptr, size_t size, size_t nmemb, FILE *stream);
```

「ptr 変数」にバッファのポインタ、「size 変数」にバッファサイズ、「nmemb 変数」にバッファの個数を指定する、という仕様になっています。

関数仕様からすると、ファイルから1回あたり「size」バイトのデータを読み、それを「nmemb」回数繰り返す、という意味に読み取れます。

実際にライブラリの「_IO_fread()」を見てみると、「size × nmemb」した値(bytes_requested)を下位関数に渡しているので、ライブラリ内で細切れにして、ファイルから読み込みをしているわけではないことが分かります。

読み込みがすべて完了したら、「_IO_fread()」は「nmemb 変数」の値をそのまま返すか、読み込めたぶんだけ(size 変数単位で切り捨て)返します。

[libio/iofread.c]

```c
_IO_size_t
_IO_fread (void *buf, _IO_size_t size, _IO_size_t count, _IO_FILE *fp)
{
  _IO_size_t bytes_requested = size * count;
  _IO_size_t bytes_read;
  CHECK_FILE (fp, 0);
  if (bytes_requested == 0)
    return 0;
  _IO_acquire_lock (fp);
  bytes_read = _IO_sgetn (fp, (char *) buf, bytes_requested);
```

```
  _IO_release_lock (fp);
  return bytes_requested == bytes_read ? count : bytes_read / size;
}
```

また、「_IO_file_xsgetn()」では一度に読み込む「バッファ・サイズ」を「128バイト単位」に丸めてから、下位の関数を呼び出しています。

「バッファ・サイズ」をキリのよい大きさにすることで、読み込み性能が向上する効果が期待できます。

理由としては、「プロセッサ」の「キャッシュ」に「データ」が載りやすくなるからです。

[libio/fileops.c]

```
_IO_size_t
_IO_file_xsgetn (_IO_FILE *fp, void *data, _IO_size_t n)
{
  _IO_size_t want, have;
  _IO_ssize_t count;
  char *s = data;

  want = n;
         :
         :
         count = want;
         if (fp->_IO_buf_base)
           {
              _IO_size_t block_size = fp->_IO_buf_end - fp->_IO_buf_base;
              if (block_size >= 128)
                count -= want % block_size;
           }

         count = _IO_SYSREAD (fp, s, count);
         :
         :
}
```

「カーネル」の「リード処理」は、「ライト処理」と同様にシンプルな実装になっています。

「読み込み」が成功したら、「ファイル・ポジション」(pos)を更新する点も「ライト処理」と同じです。

[fs/read_write.c]

```
SYSCALL_DEFINE3(read, unsigned int, fd, char __user *, buf, size_t, count)
{
        struct fd f = fdget_pos(fd);
        ssize_t ret = -EBADF;

        if (f.file) {
```

```
                        loff_t pos = file_pos_read(f.file);
                        ret = vfs_read(f.file, buf, count, &pos);
                        if (ret >= 0)
                                file_pos_write(f.file, pos);
                        fdput_pos(f);
        }
        return ret;
}
```

4.3 FIFO

本節では、「名前付きパイプ」である「FIFO」(First In, First Out)について説明します。

■概要

「Linux」には、「パイプ」(pipe)と呼ばれる「親プロセス」と「子プロセス」間で通信を行なう仕組みがありますが、「親子関係のないプロセス間でも通信を行なう仕組み」が「名前付きパイプ」、別名「FIFO」と呼ばれます。

*

「FIFO」は「プロセス間通信」および「スレッド間通信」で使うことができる仕組みであるため、「Linux」上の「アプリケーション・プログラム」ではしばしば使われる手法です。

「Linux」はもともと「マルチプロセス」の文化でしたが、後付けで「マルチスレッド機能」がサポートされたという背景があるため、「FIFO」の仕組みは「スレッド間通信」の手段としてもよく使われています。

*

「FIFO」を使った「サンプル・プログラム」で動作を確認します。

「FIFO」を使うには、「mkfifo」コマンドで「デバイス・ファイル」(「名前付きパイプ」と呼ぶ)を事前に作っておく必要があります。
なお、「FIFO」は「一般ユーザー権限」でも「作成」および「利用」可能です。

「デバイス・ファイル」の「削除」は、通常のファイルと同様、「rm」コマンドを使います。

[実行結果]

```
# mkfifo /tmp/sample_fifo
# ls -l /tmp/sample_fifo
prw-rw-r--. 1 yutaka yutaka 0  9月 27 23:27 /tmp/sample_fifo|
```

「FIFO」は「プロセス間通信」を行なうのが目的なので、「アプリケーション・

[4.3] FIFO

プログラム」においては、「FIFO をデータが届くまで待つ側」と、「FIFO にデータを書く側」とを用意する必要があります。

「FIFO」は「読む側」はたった1人である必要がありますが、「書く側」は複数存在しても問題はありません。

*

以下に、「FIFO を読む側」のプログラムを示します。

「FIFO」の「デバイス・ファイル」を開くときは、「読み書き用」とします。

こうすることで、相手が「FIFO」を開いていなくても、「FIFO」の中身が保持されるのです。

[fifo_read.c]

```
#include <stdio.h>

#define FIFONAME "/tmp/sample_fifo"

int main(void)
{
        FILE *fp;
        char buf[256];

        fp = fopen(FIFONAME, "r+");
        if (fp) {
                fgets(buf, sizeof(buf), fp);
                printf("[%s]\n", buf);
                fclose(fp);
        }

        return 0;
}
```

*

次に、「FIFO」に「書く側」のプログラムを示します。

[firfo_write.c]

```
#include <stdio.h>
#include <string.h>

#define FIFONAME "/tmp/sample_fifo"

int main(void)
{
        FILE *fp;
        char buf[256] = "hello, world.\n";

        fp = fopen(FIFONAME, "r+");
        if (fp) {
                printf("[%s]\n", buf);
                fwrite(buf, strlen(buf)+1, 1, fp);
```

```
                fclose(fp);
        }

        return 0;
}
```

　上記のプログラムを実際に動かしてみます。

　先に、「FIFOを読む側」のプログラム (fifo_read) を起動して待たせておきます。

　その次に、「FIFOに書く側」のプログラム (fifo_write) を起動し、「FIFO」に「データ」を「書き込み」ます。
　すると、「FIFOを読む側」のプログラムが反応して、「データを受信」します。

　「サンプル・プログラム」では、一度の「送受信」が完了すると、プログラムが終了するようになっていますが、「デバイス・ファイル」(/tmp/sample_fifo) は消えずに、そのままシステム上に残っています。
　もし、「FIFO」にデータが存在する状態で、「FIFOを読む側」のプログラムが異常終了した場合は、FIFOにデータが残ったままとなります。

　FIFOにはこのような特徴があります。

[実行結果]

```
# ./fifo_read
[hello, world.
]
```

[実行結果]

```
# ./fifo_write
[hello, world.
]
```

■ 設 計

　「FIFO」は、「ファイル・システム」として実装されていて、「ソース・ファイル」が「fs/pipe.c」の1つだけと、シンプルな作りになっています。
　下図に動作フローを示します。

[4.3] FIFO

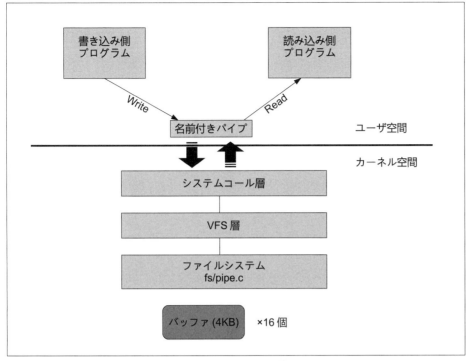

図 4.6　FIFO の実装

「FIFO」は、「デバイス・ファイル」ごとにカーネル内に 64KB(=4KB × 16) の バッファが確保され、プロセス間の通信に使われます。

バッファのサイズは以前は固定でしたが、現在では変更できるようになっています。

以下に「カーネル・バージョン」ごとの遷移を示します。

「カーネル・バージョン」ごとの遷移

Linux カーネル	FIFO バッファサイズ	可変長
2.4	4KB	固定
2.6	64KB	固定
2.6.32.16 以降	64KB	変更可能 (4KB 〜 1MB)
3.x	64KB	変更可能 (4KB 〜 1MB)
4.x	64KB	変更可能 (4KB 〜 1MB)

「バッファ」は連続した領域として確保されるわけではなく、「4KB」単位で確保されます。

この「4KB」というのはページサイズ (PAGE_SIZE) のことであり、コンフィグレーションで変えることができるので、システムによっては「4KB」ではないケースもあります。

- **ページ・サイズ**
「ページ・キャッシュ」の大きさのことを「ページ・サイズ」と呼ぶ。
　Linux カーネルでは「PAGE_SIZE」というマクロで定義される。デフォルトのサイズは 4KB で、変更可能。

[include/asm-generic/page.h]

```
#define PAGE_SHIFT      12
#ifdef __ASSEMBLY__
#define PAGE_SIZE       (1 << PAGE_SHIFT)
#else
#define PAGE_SIZE       (1UL << PAGE_SHIFT)
#endif
```

　「FIFO」の「バッファ」は、「連続した領域」ではないことが特徴であり、「必ずしも最大サイズ(64KB)のデータが書き込めるわけではない」ということに注意しておく必要があります。

　つまり、書き込みの仕方によっては、最大サイズの半分くらいまでしか書き込めないことがあります。

＊

　たとえば、FIFOに33KBのデータを連続して16回書き込むとします。

　その場合、FIFOのバッファは下記の通りとなります。

　1つのバッファが「64KB」なので、「33KB」のデータを書き込むと、「空き」が「31KB」になるため、次の33KBのデータが収まらないため、2つ目の「バッファ」に書き込むことになるのです。

　結果として、トータルの空きが「496KB」(31KB×16)あるにもかかわらず、「33KB」のデータを新たに書き込むことはできなくなります。

```
    <------ 64KB -------------->
    +--------------------------+
    |空き (64KB)               |  × 16
    +--------------------------+

                  ↓

    <------ 64KB -------------->
    +------------+-------------+
    |データ(33KB)| 空き (31KB) |  × 16
    +------------+-------------+
```

　「pipe(7)」の「manページ」を見ると、「FIFO」の大きさのことしか書いていないので、一見すると最大サイズまでFIFOにデータを書き込めるようにも思えるので、注意が必要です。

[man pipe(7)]

```
In Linux versions before 2.6.11, the capacity of a pipe was the same as
the system page size (e.g., 4096 bytes on i386). Since Linux 2.6.11,
the pipe capacity is 65536 bytes.
```

[4.3] FIFO

以下に、「FIFO」への「読み書き」を行なったときの「動作フロー」について示します。

*

説明上、「読み込み側」プログラムを「Reader」と表記し、「書き込み側」プログラムを「Writer」と表記しています。

[1] [Reader] FIFO をオープンする。
[2] カーネル内で inode に紐付いた FIFO バッファ (最大 64KB) が確保される。
[3] [Reader] FIFO にデータが到着するの待つ。
[4] [Writer] FIFO をオープンする。
[5] [Writer] FIFO にデータを書き込む。
[6] [Writer] FIFO をクローズする。
[7] [Reader] FIFO からデータを読み込む。
[8] [Reader] FIFO をクローズする。
[9] カーネル内で inode に紐付いた FIFO バッファ (最大 64KB) が解放される。

ポイントとしては、「FIFO」は「デバイス・ファイル」を媒体として、「プロセス」間で通信を行なうため、「デバイス・ファイル」の「inode」に紐付けて、「カーネル」内で「メモリ領域」を管理します。

最初に「デバイス・ファイル」がオープンされたときに、「メモリ」を確保し、最後に「クローズ」されるときに「メモリ」を解放します。
つまり、「mkfifo」コマンドで「FIFO」を作っただけでは、「カーネル」内に「メモリ領域」が確保されるのではありません。

また、「メモリ領域」は最初から「64KB」が確保されるわけではなく、「FIFO」で消費したデータサイズぶんだけ動的に確保されます。

*

「プロセス間通信」というと、複雑な処理をして実現していると思うかもしれませんが、実際のところ、「カーネル」で「メモリ領域」を用意して、「プロセス」間で「データ」の受け渡しができるようにしているだけで、意外にシンプルな実装となっています。

■ 実 装

「FIFO」が「カーネル」でどのようにして実装されているのか、実際に「ソース・コード」を見て確認していきます。

前述したように、「ソース・ファイル」は「fs/pipe.c」のみとなり、規模も 1000 行程度と小さめになっています。

[**実行結果**]

```
# ls -l fs/pipe.c
-rw-rw-r--+ 1 yutaka なし 26939 5月  19 10:35 fs/pipe.c
# wc -l fs/pipe.c
1170 fs/pipe.c
```

「FIFO」の「システムコール関数」は、「file_operations 構造体」で定義されています。

[fs/pipe.c]

```
const struct file_operations pipefifo_fops = {
        .open           = fifo_open,
        .llseek         = no_llseek,
        .read_iter      = pipe_read,
        .write_iter     = pipe_write,
        .poll           = pipe_poll,
        .unlocked_ioctl = pipe_ioctl,
        .release        = pipe_release,
        .fasync         = pipe_fasync,
};
```

「FIFO」を「オープン」したとき、「fifo_open()」が呼び出されることが分かります。

「FIFO」から「リード」するときは「pipe_read()」が呼び出され、「ライト」するときは「pipe_write()」が呼び出されることが分かります。

「FIFO」を「クローズ」するときは「pipe_release()」です。

*

ここで「リード」および「ライト」の関数の「メンバー変数」が、「read_iter」および「write_iter」という名前になっていますが、「file_operations 構造体」の定義としては、実はそれぞれ2種類のインターフェイスが用意されています。

リードは「read」または「read_iter」、ライトは「write」または「write_iter」を使います。

それぞれ「機能的な違い」はなく、「バッファ」と「バッファ・サイズ」の指定の仕方が異なります。

「read_iter」と「write_iter」の指定方法は、「I/O ベクタ」と呼ばれます。

・I/O ベクタ

「I/O ベクタ」(I/O vector) は iovec 構造体で定義される、バッファのアドレスとサイズの構造体配列のこと。

通常、データの受け渡しを行なう際に、バッファの「アドレス」と「サイズ」が必要となるが、この2つの組み合わせだけでは、1つのバッファしか受け渡せない。

複数のバッファを受け渡したい場合に、「I/O ベクタ」を利用する。

[include/linux/fs.h]

```
struct file_operations {
        :
        ssize_t (*read) (struct file *, char __user *, size_t, loff_t *);
        ssize_t (*write) (struct file *, const char __user *, size_t, loff_t *);
        ssize_t (*read_iter) (struct kiocb *, struct iov_iter *);
        ssize_t (*write_iter) (struct kiocb *, struct iov_iter *);
        :
};
```

＊

「VFS層」では、「リード」では「read」または「read_iter」のいずれか、定義されているほうを呼び出すようになっており、「ライト」についても同様です。

[fs/read_write.c]

```
ssize_t __vfs_read(struct file *file, char __user *buf, size_t count,
                   loff_t *pos)
{
        if (file->f_op->read)
                return file->f_op->read(file, buf, count, pos);
        else if (file->f_op->read_iter)
                return new_sync_read(file, buf, count, pos);
        else
                return -EINVAL;
}
```

● **オープン処理**

それでは、最初にオープン処理から見ていきます。

下記に「fifo_open()」からコードを抜粋して、説明用に番号を付与してあります。

＊

①は「inode」に対する「スピン・ロック」を取っています。

「inode」は「ファイル」や「ディレクトリ」を管理するデータのことで、システム上でユニークになるように管理されます。

「FIFO」の「デバイス・ファイル」は、システム上で1つなので、複数の「プロセス」および「スレッド」から「オープン」される可能性があるため、「スピン・ロック」を使って「排他制御」をする必要があるというわけです。

②は、2回目以降の「オープン処理」で通る「if文」で、FIFOの「デバイス・ファイル」を開いている回数(pipe->files)を「カウント・アップ」するだけです。

1回目の「オープン処理」、すなわち初めて「FIFO」の「デバイス・ファイル」を開くときは、「else節」に移行し、③で「メモリ領域の確保」を行ないます。

メモリ不足で確保に失敗した場合は、関数は「エラー」(ENOMEM)を返しますが、通常はエラーになることはないです。

開いている回数 (pipe->files) は「1」です。

④の「if文」では、「inode->i_pipe」が「NULL」以外であるかどうかを見ていますが、そもそも②の「if文」の「else」に入っているので、④の時点においても「inode->i_pipe」は「NULL」であるように見えます。

この疑問を解決するには、「fifo_open()」が複数同時実行されることがある、ということを理解しなければなりません。

「カーネル空間」では、「Linuxカーネル」はたった1つで動作をしていますが、「ユーザー空間」では「プロセス」および「スレッド」は、複数同時に実行する

・**スピン・ロック**

「スピン・ロック」(spinlock) は排他制御を行ない、他からアクセスを受けないようにするために、プログラムの処理を保護する仕組み。

「スピン・ロック」は「マルチ・プロセッサ」向けの機構であるため、「シングル・プロセッサ」(CPUコアが1つしかない) では効果をもたない。

「ユーザー空間」でも「スピン・ロック」は利用できるが、主に「カーネル空間」で利用される。

「スピン・ロック」の実行中は、1つのCPUコアを100%使用し続けるため、早期に「スピン・ロック」を解除する必要がある。

ことが可能です。

　また、昨今のプロセッサ (CPU) は、「マルチ・コア」が主流なので、「プロセス」および「スレッド」の「並列実行」ができます。
　「fifo_open()」を実行しているのが1つのプロセスだけあれば、④は通過せずに、⑤の「else節」に遷移します。
　しかし、「fifo_open()」が、複数が同時に実行されている場合は、③に移入した時点で一度「スピン・ロック」を解除しています。そのため、その間に⑤の処理が動作すると、再度「スピン・ロック」をとって、④に入ったときに、「inode->i_pipe」が NULL 以外になっていることがあるのです。

　このように、「Linux カーネル」の「関数」は、複数が同時に実行される性質をもち、このことを、「リエントラント」(再入可能)と言います。

　⑥では、ファイルをオープンするときに指定されたフラグを参照して、「FIFO」が「読み取り専用」「書き込み専用」「読み書き用」のいずれかでオープンされたかによって、処理を変えています。

　前述した通り、「FIFO」は、通常は「読み書き用」で使うため、⑦の「case 文」が実行されます。

・リエントラント
　「リエントラント」(re entrant)とは、プログラムで処理の実行中に、突然別の処理に割り込まれ、実行中の処理が中断された場合においても、期待通りに処理が動作完了できるということ。

　「アプリケーション・プログラム」においては、「マルチ・スレッド」や「シグナル」を使わなければ、途中で割り込まれることはないため、リエントラントであることを意識して設計する必要はない。

　しかし、「カーネル」では、いつ何時割り込みが発生するか分からないため、必ず「カーネル」や「デバイス・ドライバ」の実装は「リエントラント」に設計する必要がある。

[fs/pipe.c]

```
static int fifo_open(struct inode *inode, struct file *filp)
{
        struct pipe_inode_info *pipe;

            :
        spin_lock(&inode->i_lock);           …①
        if (inode->i_pipe) {                 …②
                pipe = inode->i_pipe;
                pipe->files++;
                spin_unlock(&inode->i_lock);
        } else {
                spin_unlock(&inode->i_lock);
                pipe = alloc_pipe_info();    …③
                if (!pipe)
                        return -ENOMEM;
                pipe->files = 1;
                spin_lock(&inode->i_lock);
                if (unlikely(inode->i_pipe)) {   …④
                        inode->i_pipe->files++;
                        spin_unlock(&inode->i_lock);
                        free_pipe_info(pipe);
                        pipe = inode->i_pipe;
                } else {
                        inode->i_pipe = pipe;    …⑤
                        spin_unlock(&inode->i_lock);
                }
        }
```

[4.3] FIFO

```
        :
        :
    filp->f_mode &= (FMODE_READ | FMODE_WRITE);
    switch (filp->f_mode) {      …⑥
    case FMODE_READ:
        :
            break;

    case FMODE_WRITE:
        :
            break;

    case FMODE_READ | FMODE_WRITE:    …⑦
        :
            break;
        :
    }
        :
}
```

● **クローズ処理**

「FIFO」の「クローズ処理」は「pipe_release()」です。

関数名が「close」ではなく、「release」というネーミングになっているので、「リリース処理」と呼ぶこともあります。

「pipe_release()」は15行程度の小さな関数になっているので、読みやすくなっています。

①では、複数の「関数」が同時に動かないように、「ロック」をとっています。
「__pipe_lock()」の内容を見ると、「mutex API」によって実現されています。
「mutex API」というのは、「セマフォAPI」の代替として2006年ごろに登場した仕組みで、最近の「Linuxカーネル」では「mutex API」が多用されています。
「fifo_open()」では、「排他制御」を行なうために「スピン・ロック」が使われていましたが、「スピン・ロック」と比べると、「mutex API」は「スリープ」するため、性能が低くなります。
基本的に、「FIFO」は「開きっ放し」で使うので、「オープン」に比べると、「クローズ処理」は頻繁に呼び出されるものではない、という考え方で、「mutex API」が採用されています。

②では、「ファイルを読み込んでいる人」および「書き込みをしている人」の数を1つ減らしています。
「FIFO」は複数の「プロセス」で開かれることを前提とした仕組みであるため、「FIFO」を使っている数を管理する必要があります。

③では、まだ「FIFO」を開いている「プロセス」がいるならば、その「プロセス」に通知を出して、「クローズ処理」が呼び出されたことを教えます。
それが④の「wake-up処理」です。

179

第4章 「Linux」基本機能の学習

たとえば、「FIFO」にデータが届くのを待っているプロセスに対して、「FIFO」が「クローズ」されたことを通知することで、「FIFO」の「リード処理」がエラーで返ることになります。

[fs/pipe.c]

```
static int
pipe_release(struct inode *inode, struct file *file)
{
        struct pipe_inode_info *pipe = file->private_data;

        __pipe_lock(pipe);                       …①
        if (file->f_mode & FMODE_READ)           …②
                pipe->readers--;
        if (file->f_mode & FMODE_WRITE)          …②
                pipe->writers--;

        if (pipe->readers || pipe->writers) {    …③
                wake_up_interruptible_sync_poll(&pipe->wait, POLLIN | POLLOUT |
                                POLLRDNORM | POLLWRNORM | POLLERR | POLLHUP);  …④
                kill_fasync(&pipe->fasync_readers, SIGIO, POLL_IN);
                kill_fasync(&pipe->fasync_writers, SIGIO, POLL_OUT);
        }
        __pipe_unlock(pipe);                     …①

        put_pipe_info(inode, pipe);              …⑤
        return 0;
}
```

⑤の「put_pipe_info()」で、さらに処理は続きます。

⑥で「スピン・ロック」を取った上で、「FIFOを開いているプロセスの数」(pipe->files)を減算しています。

⑦の「if文」では、「誰も開いていない状態」(pipe->filesがゼロ)であれば、「ローカル変数」(kill)にセットしています(⑧)。

つまり、「FIFOを誰も開いていない状態」になれば、「free_pipe_info()」を呼び出します(⑨)。

ここで、スピン・ロックを取っている中で、「free_pipe_info()」を呼び出していない理由は、「スピン・ロック」を保持したままでは実行できない処理を行なっているからです。

そのため、わざわざ「ローカル変数」を使って、ただ一度だけ「free_pipe_info()」が実行されるようにしてあります。

「ローカル変数」は「スタック領域」であり、「スタック」は「関数」が呼び出されるたびに確保されるため、競合することがありません。

[fs/pipe.c]

```
static void put_pipe_info(struct inode *inode, struct pipe_inode_info *pipe)
{
        int kill = 0;
```

[4.3] FIFO

```
        spin_lock(&inode->i_lock);              …⑥
        if (!--pipe->files) {                   …⑦
                inode->i_pipe = NULL;
                kill = 1;                       …⑧
        }
        spin_unlock(&inode->i_lock);            …⑥

        if (kill)
                free_pipe_info(pipe);           …⑨
}
```

「free_pipe_info()」では、「不要となったメモリ領域」を「解放」します。

⑩では、16個ある「バッファ」(ページ・サイズ)を1つずつ解放していきます。

ここで、⑪に示す関数ポインタ呼び出しがありますが、「実体」は「ライト処理」で設定した「anon_pipe_buf_ops 構造体」にあり、「anon_pipe_buf_release()」になります。

最後に、⑫では、「kfree()」という「カーネル関数」を使って、「カーネル」内に確保したメモリを解放しています。

[fs/pipe.c]

```
void free_pipe_info(struct pipe_inode_info *pipe)
{
        int i;

        account_pipe_buffers(pipe, pipe->buffers, 0);
        free_uid(pipe->user);
        for (i = 0; i < pipe->buffers; i++) {       …⑩
                struct pipe_buffer *buf = pipe->bufs + i;
                if (buf->ops)
                        buf->ops->release(pipe, buf);   …⑪
        }
        if (pipe->tmp_page)
                __free_page(pipe->tmp_page);
        kfree(pipe->bufs);                          …⑫
        kfree(pipe);                                …⑫
}
```

「anon_pipe_buf_release()」の実装は下記の通りで、「ページ・キャッシュ」でもある「バッファ」(ページ・サイズ)を「page_cache_release()」で解放します。

[fs/pipe.c]

```
static void anon_pipe_buf_release(struct pipe_inode_info *pipe,
                                  struct pipe_buffer *buf)
{
        struct page *page = buf->page;
```

181

```
		if (page_count(page) == 1 && !pipe->tmp_page)
			pipe->tmp_page = page;
		else
			page_cache_release(page);
}
```

　以上見てきた通り、「FIFOバッファ」は"一枚岩"の「メモリ領域」ではなく、「ページ・キャッシュ」(4KB)を最大16個保持するという、"分割されたメモリ領域"であるため、「メモリ領域」を解放するときは、「バッファ」を1つずつ解放していく、という手段になります。

● ライト処理

　「FIFO」への書き込み処理は「pipe_write()」になります。
　「関数」の長さが「140行」前後と、少し長いため、重要な箇所に絞って説明します。

　以下に、「コードの抜粋」と「説明箇所」に「番号」を振っています。
＊
　①では、「書き込むデータのサイズ」を取得し、「total_len変数」にセットして、最初にゼロかどうかを確認しています。

　書き込むデータは「I/Oベクタ」形式であるため、「iov_iter_count()」という関数を使って「データ・サイズ」を計算します。
　「データ・サイズ」は「総バイト数」になります。

　「データ・サイズ」が「ゼロ」の場合は、何も行なわずに、正常終了します。
　「関数の返値」としては「0」なので、「呼び出し元」における「write()」は「0バイトの書き込みに成功した」という見え方になります。

　通常、「プログラム」で指定された「データ・サイズ」が「不正な値」(「ゼロ」および「負数」)だった場合は、「関数」を「エラー」にします。
　しかし、「FIFO」に関しては、コメントを見る限り、開発者の意図としては、「成功」扱いにしていると考えられます。
　なお、「total_len変数」の「型」が「size_t」(unsigned long)なので、「負数」になることはありません。
＊
　②では、「mutex API」による「排他制御」を行なっており、「pipe_write()」が、複数、同時に実行されないように、ガードをかけています。

　昨今はプロセッサ(CPU)の「マルチコア化」が進んでいますが、いくら「マルチ・プロセス」や「マルチ・スレッド」といった手法を適用しようとも、「カーネル」内で「排他制御」されてしまうと、結局のところ、「並列処理」にはならず、性能は上がらないのです。

[4.3] FIFO

[fs/pipe.c]

```
343 static ssize_t
344 pipe_write(struct kiocb *iocb, struct iov_iter *from)
345 {
              :
350     size_t total_len = iov_iter_count(from);   …①
              :
353     /* Null write succeeds. */
354     if (unlikely(total_len == 0))              …①
355         return 0;
356
357     __pipe_lock(pipe);                          …②
358
359     if (!pipe->readers) {                       …③
360         send_sig(SIGPIPE, current, 0);          …③
361         ret = -EPIPE;
362         goto out;
363     }
466 out:
467     __pipe_unlock(pipe);                        …②
```

＊

　③の「if文」では、「FIFO」の「読み込み」を行なっているプロセスが存在しない場合は、「書き込み」を行なっても意味がないため、「関数」を「エラー」で返します。

　ここで、「send_sig()」という「カーネル関数」を使って、「自プロセス」(current)に「シグナル」(SIGPIPE) を送信しています。

　ここで、なぜシグナルを送っているかというと、それは「write」システムコールの仕様だからです。

　「write 関数」の「man ページ」に、下記の文言を見つけることができます。

　なお、「FIFO」を「読み書き」用で「オープン」している場合は、「pipe->readers」が「ゼロ」になることはないため、この「if 文」を通ることはありません。

EPIPE

「fd」が「パイプ」(pipe) か「ソケット」(socket) に接続されており、その「反対側」(読み込み側) が「クローズ」(close) されている。
これが発生した場合には、「書き込み」を行なうプロセスは「SIGPIPE シグナル」(signal) も受ける。
(したがって、プログラムがこの「シグナル」を、「捕獲」(catch)、「停止」(block)、「無視」(ignore) した場合のみ、「write」の「返り値」を参照できる。)

EPIPE

fd is connected to a pipe or socket whose reading end is closed. When this happens the writing process will also receive a SIGPIPE signal. (Thus, the write return value is seen only if the program catches, blocks or ignores this signal.)

＊

- **シグナル**

「シグナル」(Signal) とは、プログラムの実行中に非同期に通知を行なう仕組み。

　シグナルは非常に古くからある仕組みだが、扱いが難しく、バグを作り込みやすいので、ノウハウが求められる。

　業務プログラムではシグナルを多用するのは遠慮したほうがよい。

「forループ」(無限ループ)では、「FIFOバッファ」を確保して、「データ」を書き込む処理を行ないます。

④の「if文」は、「FIFOバッファ」に「空き」がある場合に「真」となります。
「pipe->nrbufs」は使用中の「FIFOバッファ」の数を表わし、「初期値」は「ゼロ」です。
「pipe->buffers」は、「固定値」で、「16」(PIPE_DEF_BUFFERS)です。

「FIFOバッファ」に「空き」がない場合は、「if文」の外の処理に移行します。

⑤の「if文」では、「FIFOバッファ」に書き込むべきデータがまだ残っている場合は、再度、「forループ」の先頭から処理を行ないます。

⑥の「if文」では、「FIFO」を「ノンブロッキング・モード」で開いている場合に、「真」となります。
デフォルトでは「ブロッキング・モード」になるため、意図的に変更していなければ、「if文」は「真」にはなりません。

「ノンブロッキング・モード」では、「FIFOバッファ」に「データ」がまったく書けなかった場合(ret変数がゼロ)、「関数」は「エラー」(EAGAIN)を「呼び元」に返します。

⑦では、「signal_pending()」という「カーネル関数」を使って、「自プロセス」が「シグナル」を「受信したかどうか」を確認しています。
もし、「pipe_write()」が「スリープ中」に外からシグナルを受けていた場合は、「スリープ解除」後に「関数が返る」必要があるからです。
そうしなければ、「シグナル」を受けても、「システム・コール」を実行している「ユーザー空間」のプログラムが、永遠に「カーネル空間」から復帰しないことになってしまいます。

⑧の「pipe_wait()」では、「自プロセス」を「スリープ」させて、ここで「カーネル内の処理」をいったん停止させます。
「FIFOバッファ」に「空き」が出来るまで、CPUの処理を他に回し、自身は眠りに入る、ということです。

[fs/pipe.c]

```
391        for (;;) {
392            int bufs;
393
                   :
400            bufs = pipe->nrbufs;
401            if (bufs < pipe->buffers) {          …④
                   :
                   :
```

```
444         }
445         if (bufs < pipe->buffers)       …⑤
446             continue;
447         if (filp->f_flags & O_NONBLOCK) { …⑥
448             if (!ret)
449                 ret = -EAGAIN;
450             break;
451         }
452         if (signal_pending(current)) {  …⑦
453             if (!ret)
454                 ret = -ERESTARTSYS;
455             break;
456         }
              :
462         pipe->waiting_writers++;
463         pipe_wait(pipe);                …⑧
464         pipe->waiting_writers--;
```

＊

先ほど、説明を飛ばしましたが、「FIFOバッファ」への書き込み処理を見ていきます。

⑨の「alloc_page()」では、「FIFOバッファ」の「メモリ領域」を「ページ・キャッシュ」として確保しています。

「ページ・キャッシュ」なので、「メモリ・サイズ」は「ページ・サイズ」(PAGE_SIZE) になります。
通常は「ページ・サイズ」は「4KB」で、設定で変更可能です。

⑩の「copy_page_from_iter()」では、「ユーザー空間」から渡されたデータを、先ほど確保した「メモリ領域」にコピーします。
ここでは、最大で「ページ・サイズ」ぶんしかコピーしないようになっています。

「データの大きさ」が「ページ・サイズ」より「小さい」場合は、⑪に進み、コピーした「サイズ」を「ret変数」に加算します。
しかし、「データの大きさ」が「ページ・サイズ」より「大きい」場合は、一度の「コピー」では全部のデータが引き取れないため、前述の⑤の「if文」によって「リトライ」を行ないます。

⑫では、「anon_pipe_buf_ops」という「構造体変数」で関数テーブルを設定しています。
「関数テーブル」には、「FIFO」の「クローズ時」に行なう「メモリ領域の開放」を行なうための処理が含まれています。

⑬では、「FIFOバッファ」の「メモリ領域」に、「データの一部」が格納できたため、「カウント・アップ」します。
この数は、「FIFOバッファ」に紐付く「ページ・キャッシュ」の「個数」を表わします。

⑭では、「ユーザー空間」から渡されたデータがまだ残っているか調べており、「データ」が「空」になったら、「forループ」を抜けます。

[fs/pipe.c]

```
407            if (!page) {
408                page = alloc_page(GFP_HIGHUSER);     …⑨
409                if (unlikely(!page)) {
410                    ret = ret ? : -ENOMEM;
411                    break;
412                }
413                pipe->tmp_page = page;
414            }
                   :
421            copied = copy_page_from_iter(page, 0, PAGE_SIZE, from);   …⑩
422            if (unlikely(copied < PAGE_SIZE && iov_iter_count(from))) {
423                if (!ret)
424                    ret = -EFAULT;
425                break;
426            }
427            ret += copied;                            …⑪
                   :
430            buf->page = page;
431            buf->ops = &anon_pipe_buf_ops;            …⑫
432            buf->offset = 0;
433            buf->len = copied;
434            buf->flags = 0;
                   :
439            pipe->nrbufs = ++bufs;                    …⑬
440            pipe->tmp_page = NULL;
441
442            if (!iov_iter_count(from))                …⑭
443                break;
```

● リード処理

「FIFO」からの「読み込み処理」は「pipe_read()」になります。

「リード処理」は「メモリ領域の確保」を行なうことはしないので、そのぶん「ライト処理」よりシンプルな実装になっていて、読みやすいです。

＊

①の「if文」では、「ユーザー空間」のプログラムで「readシステムコール」で指定された「データ・サイズ」が「ゼロ」かどうかを確認しており、「ゼロの場合」は「正常終了」としています。

この挙動は「pipe_write()」と同様です。

②の「if文」では、「FIFOバッファ」の「ページ・キャッシュ (pipe->nrbufs) が存在する場合」、すなわち、「まだ読み込みをしていないデータがFIFOに格納されている場合」に、「真」となります。

③では、「まだFIFOにデータが残っている」ならば、「forループの先頭」に戻り、「リトライ」します。

④では、「FIFOに書き込むプロセスが誰もいない場合」、「これ以上待っていて

[4.3] FIFO

も FIFO は空のまま」なので、「処理を抜ける」という意味です。

ただし、「FIFO」を「読み書き用」でオープンしている場合は、「pipe->writers」が「ゼロ」になることはないため、この「if 文」を通ることはありません。

⑤の「if 文」では、「pipe->waiting_writers」が「ゼロ」かどうかを確認していますが、この「メンバ変数」は、「pipe_write()」で「自プロセスがスリープした場合」にのみ、「1」となる「変数」です。

つまり、まだ「FIFO に書き込むプロセスが存在しない場合」、「FIFO を読み込む側として処理を終了させる」のか、「スリープに移行する」のかを判断しています。

「FIFO からデータがまだ読み込めておらず」、かつ「ノンブロッキングモードである場合」は、「エラー」(EAGAIN) で、関数は返ります。

⑥では、「FIFO からデータを読もうとした」が、「まだデータが到着していない」ので、「自プロセスをスリープ」させます。

「pipe_write()」で「スリープ」に遷移する場合と同じで、ここで「カーネル内の処理をいったん停止させ、他のプロセスから起床」してもらいます。

[fs/pipe.c]

```
234 static ssize_t
235 pipe_read(struct kiocb *iocb, struct iov_iter *to)
236 {
237     size_t total_len = iov_iter_count(to);
          :
243     /* Null read succeeds. */
244     if (unlikely(total_len == 0))      …①
245         return 0;
          :
248     ret = 0;
249     __pipe_lock(pipe);
250     for (;;) {
251         int bufs = pipe->nrbufs;
252         if (bufs) {                    …②
              :
297         }
298         if (bufs)    /* More to do? */  …③
299             continue;
300         if (!pipe->writers)            …④
301             break;
302         if (!pipe->waiting_writers) {  …⑤
              :
308             if (ret)
309                 break;
310             if (filp->f_flags & O_NONBLOCK) {  …⑤
311                 ret = -EAGAIN;
312                 break;
313             }
314         }
              :
324         pipe_wait(pipe);               …⑥
325     }
326     __pipe_unlock(pipe);
          :
333     if (ret > 0)
334         file_accessed(filp);           …⑦
335     return ret;
336 }
```

＊

「関数の最後」に、⑦の箇所で、「file_accessed()」という「関数呼び出し」があります。

「ret 変数」が「0 より大きい場合」に実行されるので、「FIFO からデータを読み込めた場合」にのみ実行されます。

「file_accessed()」という「カーネル関数」は、指定したファイルの「タイムスタンプ」(最終アクセス時刻) を「最新の時刻」に更新するというものです。

「file_accessed()」の「実体」としては、「ヘッダ」で「インライン関数」として定義されており、さらに「touch_atime()」が呼び出されています。

- **インライン関数**

  関数を呼び出す処理において、関数の実体をコード展開して、呼び出し処理自体をなくし、プログラムのコードに埋め込んでしまうこと。
  「gcc」では「static inline」という指定を関数に付与する。
  「インライン関数」にすると、プログラムの性能を向上させることはできるが、反面プログラムのコードが大きくなる。

「Linux」には、「ファイルのタイムスタンプ」として 3 種類が定義されており、「最終アクセス時刻 (atime)」と「最終修正時刻 (mtime)」「最終属性変更時刻 (ctime)」になります。

「FIFO」に関しては、「リード処理が正常終了した場合」にのみ、「最終アクセス時刻 (atime)」が更新されることになります。

[include/linux/fs.h]

```
static inline void file_accessed(struct file *file)
{
    if (!(file->f_flags & O_NOATIME))
        touch_atime(&file->f_path);
}
```

＊

次に、「FIFO からデータを読み込む処理」を見ていきます。

⑧では、「FIFO バッファ」の「最古のデータ」、すなわち「FIFO キューの先頭にあるデータ」への「ポインタ」を取得しています。

「FIFO」は「先入れ先出し」方式なので、「FIFO キューの先頭から順番」にデータを取り出します。

「FIFO バッファ」(pipe->bufs[]) は「リング・バッファ」であり、「pipe->curbuf」が「FIFO キューの先頭」を指し示します。

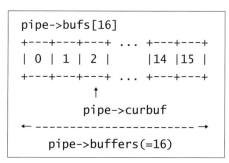

- **リング・バッファ**

  「リング・バッファ」(Ring buffer) とは、バッファの末尾までデータが消費されたら、バッファの先頭に戻り、データの格納を行なう管理方式のこと。
  バッファの「末尾」と「先頭」がつながるようにするため、その様が「リング」(ring) と呼ばれる所以である。
  アルゴリズムとデータ構造では基本概念。

＊

⑨では、「FIFO バッファのサイズ」(buf->len) が、「ユーザー空間側のバッファサイズ」(total_len) より大きく、「バッファ」に収まるかを確認しています。

⑩では、「FIFO バッファのデータ」(buf->page) を「ユーザー空間のバッファ」(to) に「コピー」しています。

[4.3] FIFO

「カーネル空間」から「ユーザー空間」へのコピー処理は、空間をまたぐため、「memcpy()」は使用不可であり、「copy_page_to_iter()」という専用の「カーネル関数」を使う必要があります。

⑪では、「コピーしたバッファサイズ」(chars)を各種変数に更新をかけています。

⑫では、「FIFOバッファのサイズ」(buf->len)が「ゼロ」になったかどうか、すなわち「FIFOバッファのページサイズ」(4KB)ぶんをすべてコピーした場合は、その「FIFOバッファ」は不要であるため、「anon_pipe_buf_release()」を呼び出して、「FIFOバッファのメモリ領域」（ページ・キャッシュ）を解放します。

⑬では、「FIFOバッファ」を1つ消費したため、「リングバッファの先頭」(pipe->curbuf)を1つ先に進めています。「FIFOバッファの総数」(pipe->nrbufs)は1つ減らします。

⑭では、「ユーザー空間のバッファサイズ」(total_len)を、「コピーしたサイズぶん」だけ減算しています。

「減算した結果」が「ゼロ」であれば、仮に「FIFOバッファ」にまだデータが残っていたとしても、ユーザー空間側でこれ以上データを引き取れないため、処理を抜ける必要があります。

[fs/pipe.c]

```
252         if (bufs) {
253             int curbuf = pipe->curbuf;
254             struct pipe_buffer *buf = pipe->bufs + curbuf;         …⑧
255             const struct pipe_buf_operations *ops = buf->ops;
256             size_t chars = buf->len;         …⑨
257             size_t written;
258             int error;
259
260             if (chars > total_len)         …⑨
261                 chars = total_len;
270             written = copy_page_to_iter(buf->page, buf->offset, chars, to);   …⑩
271             if (unlikely(written < chars)) {
272                 if (!ret)
273                     ret = -EFAULT;
274                 break;
275             }
276             ret += chars;         …⑪
277             buf->offset += chars;         …⑪
278             buf->len -= chars;         …⑪
286             if (!buf->len) {         …⑫
287                 buf->ops = NULL;
288                 ops->release(pipe, buf);         …⑫
289                 curbuf = (curbuf + 1) & (pipe->buffers - 1);   …⑬
290                 pipe->curbuf = curbuf;
291                 pipe->nrbufs = --bufs;         …⑬
292                 do_wakeup = 1;
293             }
294             total_len -= chars;         …⑭
295             if (!total_len)         …⑭
296                 break;  /* common path: read succeeded */
297         }
```

索 引

記号・数字

- .8 …………………………………… 46
- .config ……………………………… 108
- .o …………………………………… 81
- .patch ……………………………… 45
- .tar.gz / .tar.xz …………………… 11
- μClinux …………………………… 118
- 32ビット版 …………………… 14,120
- 64ビット版 …………………… 15,121

五十音順

≪あ行≫

- **あ** アーカイブ ……………………… 10,11
  - アーキテクチャー・ソフトウェア・デベロッパーズ・マニュアル … 131
  - アセンブリ言語 …………………… 130
  - アノテーション・コメント … 73,74
  - アプリケーションのトレース … 83
- **い** インストール …………………… 17,36
  - インターフェイスの抽象化 …… 149
  - インライン・アセンブラ ……… 130

≪か行≫

- **か** カーネル・コンフィグレーション ……… 108
  - カーネル・バージョン … 101,110,173
  - カーネル・パニック ……… 93,99,101
  - カーネル・メッセージ …………… 93
  - カーネル空間 ……………………… 117
  - カーネルのトレース …………… 93,98
  - 改行コード ……………………… 10,12
  - 開発環境 ………………………… 14,28
  - 仮想化環境 ………………………… 18
  - 仮想メモリ ……………………… 119
- **き** キーワード ………………………… 59
- **け** 言語拡張機能 …………………… 71,130
- **こ** コーディング・スタイル ………… 78
  - コマンドプロンプト ……………… 55
  - コマンドライン …………………… 9
  - コメント …………………………… 73
  - コンパイラのバージョン ………… 72
  - コンパイル ……………… 11,13,79,91

≪さ行≫

- **さ** 再入可能 …………………………… 178
  - サクラエディタ …………… 53,57,59
  - 参照カウンタ ……………………… 162
- **し** シグナル …………………………… 183
  - システム・コール ……… 111,112,123,126,149
  - システム・コールのトレース … 97
  - 実行 ……………………………… 11,13
  - 仕様書 ……………………………… 9
  - シリアル・デバイス …………… 93,94
  - シンボル情報 ……………………… 88
- **す** スクラッチ開発 …………………… 8
  - スクリプト・コード …………… 103
  - スタック・トレース ………… 105,151
  - スタック・フレーム …………… 127
  - ステップ実行 ……………………… 92
  - スピン・ロック ………… 177,179
  - スペック・ファイル ………… 45,49
  - スリープ ………………………… 179
  - スレッド間通信 ………………… 170
- **せ** セキュア・ブート ……………… 26
  - セクション2 ………… 97,112,123
  - セクション3 ……………… 112,149
  - セマフォAPI …………………… 179
- **そ** ソース・コードの行数 …………… 67
  - ソース・コードの検索 …………… 53
  - ソース・コードの整形 …………… 81
  - ソース・コードの入手 ……… 40,108
  - ソフトウェア割り込み ………… 132

≪た行≫

- **た** ターミナル・ソフト ………… 28,97
  - 第1世代 ……………………… 23,95
  - 第2世代 ………………… 23,26,95
  - 対象読者 …………………………… 8
  - ダウンロード先 …………… 14,110
  - タグ・ジャンプ ………… 59,62,63,66,74,135
- **ち** チェックサム・ファイル ………… 15
  - チェックサム検証方法 …………… 16
  - 遅延実行 ………………………… 163
- **て** ディストリビューション … 13,40,108
  - テキスト・エディタ ……………… 52
  - デバイス・ドライバ ………… 119,159
  - デバイス・ファイル …………… 170
  - デバッガ ………………………… 151
  - デバッグ・ビルド ……………… 84
  - デバッグ情報 …………… 87,88,110
  - デュアル・ブート ……………… 17
- **と** 同名定義 ………………………… 74
  - ドキュメント ……………………… 9
  - トレース … 83,88,93,97,98,105,123,151
  - トレース・ファイル …………… 102

≪な行≫

- **な** 名前付きパイプ ………… 97,170

≪は行≫

- **ね** ネットワーク構築 ……………… 19

≪は行≫

- **は** バージョン ………………………… 69
  - パーティション ………………… 31
  - 排他制御 ………………… 177,182
  - バイナリ転送プロトコル ……… 76
  - パイプ ………………………… 170
  - バックグラウンド・デーモン … 85
  - パッケージ ……………………… 28
  - パッケージ名の調べ方 ………… 41
  - パッチ ……………… 46,108,143
  - パッチの適用方法 ……………… 49
- **ふ** ファイル・サーバ ……………… 52
  - ファイル・システム …… 35,148,158
  - ファイルI/O …………………… 148
  - ブート・メッセージ …………… 96
  - ブート・モード ………………… 23
  - フォーク ………………………… 118
  - 物理ボリューム ………………… 33
  - フリーズ ………………………… 118
  - プリプロセス結果 ……………… 79
  - プリプロセッサ ………………… 78
  - フルスクラッチ開発 …………… 8
  - ブレーク ………………………… 151
  - ブレーク・ポイント …………… 91
  - フロッピーディスク …………… 140
  - 分家 ……………………………… 118
- **ほ** ボリュームグループ …………… 33

≪ま行≫

- **ま** マルチスレッド …………… 170,182
  - マルチバイト文字 ……………… 12
  - マルチプロセス …………… 170,182
- **め** メモリ …………………………… 120
- **も** 文字コード …………………… 10,12

≪や行≫

- **ゆ** ユーザー・コンテキスト ……… 163
  - ユーザー空間 …………………… 117

≪ら行≫

- **ら** ライブラリ ………………… 127,151
  - ライブラリのトレース ………… 88
- **り** リアルタイムOS ………………… 117
  - リエントラント ………………… 178
- **ろ** ログイン・プロンプト ………… 96
  - ログ出力機能 ………………… 86,93
  - 論理ボリューム ………………… 33

≪わ行≫

- **わ** ワーク・キュー ………………… 162

索 引

アルファベット順

###《A》
ANSI ·· 12
as is で使う ·· 9
ASCII ·· 12

《B》
BusyBox ··· 140

《C》
CFLAGS ··· 80,85
cmd.exe ·· 55
cpio 形式 ·· 44
CR+LF ·· 12
ctags.exe ·· 60
ctags コマンド ······················· 63,64,135
Cygwin ··· 13,36
C 開発ツールとライブラリー ········· 28
C 言語 ····················· 9,11,13,71,78,130

《D》
DEBUG_PK ··· 85
debuginfo ······························· 88,92,110
df コマンド ·· 35
dnf コマンド ······· 28,41,89,101,103
--dry-run オプション ················· 143

《E》
emacs ·· 52
EPIPE ··· 183
ext4 ··· 35
Exuberant Ctags ························· 63,64
exuberant ctags 日本語対応版 ··· 60

《F》
Fedora Cloud ···································· 14
Fedora Server ·································· 14
Fedora Workstation ················ 14,28
Fedora24 ·· 13
FIFO ·· 170
findstr コマンド ································ 55
find コマンド ···································· 55
Firefox ·· 40
FIXME ··· 73,74
ftrace ··· 99

《G》
gcc ··············· 14,28,71,72,79,85,130
gdb ··· 151
gettimeofday( ) ······························ 123
glibc ······························· 88,124,127,151
GREP 機能 ·································· 57,58
grep コマンド ···································· 54
GRUB ··· 96
grub2-mkconfig コマンド ········· 96

《H》
Hyper-V ································· 18,30,93

《I》
ifconfig コマンド ················ 28,41,68
indent コマンド ······························· 81
INT 命令 ··· 132
IoT ·· 8
ip コマンド ······································· 28

《J》
journalctl コマンド ······················· 86
journald デーモン ························· 86

《K》
kernelshark ····································· 99
kernelstack ··································· 102

《L》
Legacy BIOS 方式 ················· 23,95
LF ·· 12
Linux ··· 8
Linux の設定 ···································· 27
lrzsz ··· 76
LV ··· 33
lvextend コマンド ························· 34
LVM ·· 31
LWN ·· 164
LZH ·· 11

《M》
Makefile ······································ 10,80
make コマンド ································ 80
man man コマンド ······················ 112
man ページ ··· 9,46,97,112,123,149
MMU ·· 119
MS-DOS ··· 117
mutex API ···································· 179

《N》
nano ··· 52
Notepad++ ·························· 53,58,62

《O》
OpenCTags ····································· 62
OpenSSH ··· 28

《P》
parted コマンド ······························ 31
patch コマンド ······················· 49,143
PGP 鍵 ·· 16
ping コマンド ··································· 28
pipe ··· 170
PowerShell ····································· 56
printf デバッグ ······························· 85
PV ··· 33
pvresize コマンド ·························· 33

《R》
resize2fs コマンド ························· 35

RHEL ·· 13
rm コマンド ··································· 170
roff ファイル ···································· 46
rpm2cpio コマンド ················ 43,44
rpmbuild コマンド ·············· 50,143
rpm コマンド ····························· 43,143

《S》
SHA256 ·· 15
sha256sum コマンド ···················· 15
Shift_JIS ··· 12
SRPM ···························· 41,43,45,108
ssh コマンド ····································· 83
SSH サーバ ······································ 28
SSH 接続 ··· 27
stap コマンド ································ 105
strace コマンド ··············· 97,123,150
strings コマンド ···························· 70
syscall ·· 131
SYSENTER 命令 ······················· 132
syslog( ) ·· 85
syslogd デーモン ··························· 86
system call ···································· 111
SystemTap ···································· 103

《T》
tarball ··· 11,41
tar コマンド ······························ 11,111
TBD ··· 74
Tera Term ································ 28,97
TODO ··· 74
trace.log ··· 102
trace-cmd コマンド ······················ 99
ttyS0 ·· 93

《U》
UEFI 方式 ································· 23,95
uname -a コマンド ····················· 110
uname コマンド ····························· 70
UTF-8 ·· 12

《V》
-V ·· 70
verbose オプション ················ 83,105
--version ··· 70
VG ·· 33
vi ································· 52,63,65,135
vim ·· 63

《W》
wc コマンド ······································ 67

《X》
x86 / x86_64 ································· 15

《Y》
yum コマンド ······················ 28,41,101

《Z》
ZIP ··· 11

191

[著者略歴]

平田 豊（ひらた・ゆたか）

作成：金沢区地蔵堂さん
(http://4kure.zizodo.info/)

1976年兵庫県生まれ。石川県在住。組み込み系。
2001年から市販書籍執筆を開始し、主にプログラミング関連の本が多い。
2004年からオープンソース開発(Tera Term)を立ち上げ、10年以上に渡りプロジェクトを継続中。
Linux カーネルと Windows プログラミングが得意分野。

[著者ホームページ]

http://hp.vector.co.jp/authors/VA013320/

[著書]

「Linux カーネル解析入門」
「正規表現入門」
「補講 C 言語」
「C 言語のしくみ」………………………………………（以上、工学社）
「Linux デバイスドライバプログラミング」………………（SB クリエイティブ）
「C 言語 逆引き大全 500 の極意」………………………（秀和システム）
「Perl トレーニングブック」
「C 言語トレーニングブック」
「平成 15 年度 ソフトウェア開発技術者 独習合格ドリル」
「これからはじめる Perl&CGI 入門ゼミナール」　　　　（以上、ソーテック社）

本書の内容に関するご質問は、

① 返信用の切手を同封した手紙
② 往復はがき
③ FAX(03)5269-6031
　（ご自宅の FAX 番号を明記してください）
④ E-mail　editors@kohgakusha.co.jp

のいずれかで、工学社編集部あてにお願いします。
なお、電話によるお問い合わせはご遠慮ください。

Linuxカーネル「ソースコード」を読み解く

平成 28 年 12 月 25 日　第 1 版第 1 刷発行　© 2016	著　者	平田　豊	
平成 29 年 1 月 30 日　第 1 版第 2 刷発行	編　集	I/O 編集部	
	発行人	星　正明	
	発行所	株式会社 工学社	
	〒160-0004 東京都新宿区四谷 4-28-20 2F		
	電話	(03)5269-2041(代) [営業]	
		(03)5269-6041(代) [編集]	
※定価はカバーに表示してあります。	振替口座	00150-6-22510	

[印刷] シナノ印刷 (株)　　　　　　　　　　　　　　　　　　　ISBN978-4-7775-1986-6